Gérer les conflits

Gérer les conflits

de personnes
de management
d'organisation

Christine MARSAN

DUNOD

DU MÊME AUTEUR

En quoi le mal nous rend humain ?, L'Harmattan, 2001.

Adresse internet de l'auteur
christine.marsan@wanadoo.fr

ISBN 2 10 006725 7

Préface

La lecture du livre de Christine Marsan nous rappelle que l'harmonie n'est pas naturelle dans les organisations. L'entreprise est un lieu de tensions, de conflits, de contradictions et d'intérêts divergents. Elle est bâtie autour de rationalités locales, limitées et multiples. Les entreprises modernes sont organisées autour de l'interdépendance des individus et des structures. Leur cohérence globale apparente est le résultat d'incohérences internes : chaque service développe une stratégie qui lui est propre, les contradictions entre les différentes fonctions sont inévitables. Chacun d'entre eux, pour remplir sa mission au service de l'ensemble, poursuit en effet des objectifs partiels parfois antagonistes avec les objectifs partiels des autres. Par exemple, la direction financière souhaite limiter le gaspillage et contrôle les dépenses tandis qu'au service production, on estime manquer de moyens. De son côté, les responsables commerciaux se heurtent à la production qu'ils accusent de manquer de souplesse face aux demandes diversifiées des clients. Quant à la direction des ressources humaines, pour maintenir un bon climat dans l'entreprise, elle décide d'accorder des avantages supplémentaires aux salariés. Ce qui indispose la direction financière qui souhaitait justement entrer dans une phase de limitation des dépenses… C'est un cercle sans fin et pourtant vertueux !

Au sein d'une équipe, les intérêts des personnes sont différents, même si elles affichent un accord de façade pour préserver les relations à long terme. La psychanalyse et l'ethnologie décrivent les contradictions psychiques inhérentes à chaque individu : pulsion de vie/pulsion de mort, angoisse/plaisir, masculinité/féminité, bien/mal, séduction/répulsion…

Et puis, comme si les contradictions inhérentes aux personnes et aux organisations ne suffisaient pas, viennent s'ajouter les turbulences engendrées par les changements. Changements le plus souvent imposés par l'environnement social, politique et économique que les managers se doivent de transformer en « opportunités » de progrès.

Le management se situe par essence dans l'univers de la différence et de la complémentarité.

Une situation organisationnelle ne contraint jamais complètement un acteur. Celui-ci garde toujours une marge de liberté et de négociation quant au comportement qu'il adoptera. Or cette marge de liberté constitue pour ses partenaires une source d'incertitude dans la mesure où son comportement les affecte dans l'atteinte de leurs objectifs.

Ces relations de pouvoir permettent aux acteurs de négocier leur coopération en contrepartie de la préservation de leurs intérêts.

Avec ce livre, le lecteur est à même d'identifier les enjeux individuels et collectifs de ses partenaires et de se donner les moyens d'anticiper les conséquences de ses attitudes sur les autres. Cette réflexion permet également de repérer les leviers pour négocier sur la base des intérêts mutuels.

Cette analyse objective des pouvoirs aidera également le manager à définir sa stratégie d'intervention vis-à-vis de son équipe. Une stratégie d'autorité s'avère efficace dans une situation dans laquelle le rapport de pouvoir est très déséquilibré en faveur du manager. Mais ce dernier aura intérêt à adopter une stratégie de négociation, dans le cas où le rapport est plus équilibré : négocier, c'est reconnaître le pouvoir et les marges de manœuvre des autres.

De surcroît, les puissances qui vous gouvernent, qu'ils soient managers ou élus, vous demandent parfois une chose et son contraire, version managériale du « beurre, de l'argent du beurre et du sourire de la crémière ».

Par exemple :

- « Opérez ce changement dans votre service. C'est impératif ! Mais surtout pas de vagues sociales. »
- « Oui, vous avez raison, ce collaborateur a dépassé les bornes ! Vous avez carte blanche. Ceci étant dit, n'oubliez pas que nous sommes observés par des organisations syndicales très puissantes. »

- « Il faut que vous leur fassiez prendre des initiatives spontanément. »
- « Faites ce que vous voulez, c'est votre choix. J'espère que ce sera le bon. »

De quoi perdre la tête ou devenir un héros mythique…

L'entreprise, comme tout groupe humain est un lieu de tensions, de conflits et de passions. Mais ce qui la distingue d'un groupe pour en faire une organisation sont sa vocation, sa pérennité et son relatif détachement par rapport aux personnes qui la servent. Ce dernier critère peut paraître excessif, et pourtant, tout manager, si excellent soit-il, est oublié rapidement en cas de départ. Les organisations ont des velléités institutionnelles.

Christine Marsan porte un regard lucide et multidimenstionnel sur les conflits, elle offre ainsi au lecteur des clés de compréhension et des pistes d'actions pour résoudre avec sérénité et efficacité les situations conflictuelles. Son livre nous rappelle que lorsque nous vivons un conflit, nous faisons partie du problème, et nous faisons partie aussi de la solution.

Jean Louis Muller
Directeur à la CEGOS, responsable de l'offre « Stratégie et Pilotage »

Table des matières

Avant-propos

Si vous ouvrez ce livre c'est que vous êtes sans doute curieux et que les conflits vous posent problème et vous vous sentez un peu démuni pour y faire face.

En effet, le conflit repose sur un paradoxe et une complexité qui méritent d'être examinés en détail. Ainsi, le conflit dans sa phase agressive est vécu comme nocif, voire violent et douloureux et dans le même temps, sans conflit, sans déséquilibre, point de croissance et point de vie !

Nous allons explorer ensemble les différentes facettes du conflit afin que vous trouviez grilles de compréhension et outils pour les gérer au mieux à l'avenir.

C'est pourquoi je vous invite à explorer les chemins de l'intelligence des conflits pour apprécier de parcourir la richesse de ces différents aspects.

Pourquoi écrire sur les conflits ?

Il est rare d'écrire par hasard sur un sujet, cela correspond toujours à une motivation, des expériences et surtout une envie de partager et de transmettre. Ainsi écrire sur le thème des conflits pouvait répondre à deux options majeures : soit aimer être en situation de conflit, apprécier les tensions, l'agressivité et les rapports de force, ou alors, chercher à les enrayer, les gérer, les anticiper et améliorer ses relations à autrui pour envisager d'autres modalités.

J'ai choisi la deuxième option.

Mon parcours par rapport aux conflits repose sur plusieurs axes :

- une recherche doctorale de plusieurs années sur les conflits en situation interculturelle ;
- une pratique de consultante en management de plus de quinze ans apportant mon expertise à démêler et à résoudre des situations difficiles au sein d'organisations, d'équipes ou entre plusieurs personnes ;
- enfin des engagements personnels humanistes et une pratique du développement personnel me font privilégier des options relationnelles plus riches que la lutte ou les oppositions systématiques.

Introduction

> « Le conflit est, la plupart du temps, rien moins que rationnel, mais bien plutôt entièrement traversé par l'affect. »
>
> Michel Maffesoli

Le conflit est partie prenante de la vie sociale. On le retrouve dans les relations interpersonnelles comme dans les organisations du fait des enjeux importants qu'exige la performance.

De plus, le contexte global de la mondialisation qui implique l'interaction permanente et incontournable des entreprises et des institutions internationales déplace les centres décisionnels, les lieux de pouvoir et le degré d'autonomie de certains acteurs nationaux et locaux. La portée des décisions est radicalement différente, les implications sont très délicates ce qui pousse chaque personne à devenir plus vigilante et plus exigeante.

Enfin, différents facteurs, dont celui de la mondialisation mais aussi l'augmentation significative de la violence dans les entreprises (problèmes de harcèlement, stress accru et demandes toujours plus fortes des actionnaires et de certains patrons d'entreprises) fragilisent les managers qui ont à gérer des situations « classiques » de dissensions entre les individus. Les problématiques conflictuelles liées aux constantes réorganisations des entreprises surviennent de plus en plus souvent. Ces évolutions organisationnelles ont pour conséquence de modifier les paramètres de l'entreprise et remettent en cause les frontières, les identités, les rôles et les attributions des uns et des autres. Et voici que plus la pression monte dans les organisations plus on constate l'émergence de conflits et de tensions dont l'intensité est toujours croissante.

C'est pourquoi, il apparaît pertinent de prendre du temps pour s'arrêter sur la question des conflits et l'envisager sous ses différentes facettes afin de se sentir plus équipé et à même de gérer la variété des situations possibles.

De manière à entrer à la fois directement dans le sujet et d'en saisir la complexité, voici une anecdote extraite d'une situation professionnelle réelle qui vise à présenter l'enchevêtrement de plusieurs niveaux de conflits en jeu pour un manager.

Par commodité, nous appellerons le protagoniste Pierre et nous ne fournirons que peu de détails sur l'entreprise afin de préserver son anonymat.

Pierre et la société Tragit

Pierre est un ingénieur d'une trentaine d'années qui après avoir travaillé dans différentes SSII intègre une entreprise importante, très bien positionnée sur le marché de la micro-informatique.

Après avoir dirigé sa propre entreprise, Pierre souhaite vivre une nouvelle expérience professionnelle.

La rencontre avec la DRH de l'entreprise Tragit lui fait bonne impression quant à l'esprit qui semble se dégager de cette société. Il perçoit dans cette entreprise un espace de liberté, de créativité et d'autonomie dont il a besoin pour être performant.

Puis le responsable du département et son manager direct le reçoivent et le contact s'établit immédiatement. Au-delà des éléments de négociation et de composantes du poste (missions, challenges, attentes, objectifs), Pierre se sent déjà bien et n'a qu'une attente c'est d'intégrer au plus vite Tragit.

Une fois embauché, la réalité rejoint ses aspirations et ses attentes, les missions confiées correspondent bien à ses qualifications et tiennent compte de son expérience. Il a la responsabilité de différents projets, il est le tuteur de juniors, jeunes ingénieurs, en l'occurrence. Il encadre des missions et échange l'essentiel de ses ressources avec celles de l'équipe d'accueil. Il est assez rapidement responsable d'une équipe projet composée de profils et de niveaux hiérarchiques différents et aux expériences variées. Il a à cœur de mettre en place avec celle-ci un mode de fonctionnement performant dans une ambiance agréable.

La rencontre avec ses nouveaux collègues se passe aussi très bien, les échanges d'informations et le travail d'équipe s'effectuent sans encombre. Dans l'ensemble son intégration est réussie.

Pourtant, quelque six mois après, le directeur du département est licencié de manière très brutale puisqu'il doit partir dans la semaine même de l'annonce de son départ.

Le choc ! Le département est tétanisé.

Blessé, ému, en colère, en pleurs, tout le monde y va de son émotion. Nombre d'initiatives sont faites pour lui apporter soutien et témoignage d'estime et plusieurs actions sont menées auprès de la direction pour dénoncer ses pratiques irrespectueuses.

Cette décision de licenciement s'effectue dans le cadre d'une nouvelle organisation. Des résultats financiers peu satisfaisants de l'ensemble de la division ont conduit la direction générale à envisager des refontes structurelles et organisationnelles d'importance. Ce départ en fait partie.

Très rapidement, les nouveaux acteurs sont nommés et avec eux une recomposition complète des équilibres de l'entreprise. Cette nouvelle configuration d'organisation et surtout la manière dont cette réorganisation est menée ont rendu le climat social assez insupportable, en particulier dans ce département des services d'information.

Alors bon nombre de collaborateurs, de managers et de directeurs choisissent de partir.

Ceci déstabilise considérablement les équipes et modifie la cartographie des compétences au sein du département et de l'entreprise dans son ensemble. Un noyau dur de compétences est en train de littéralement disparaître.

Fort heureusement cela coïncide avec un recentrage stratégique qui amène Tragit à décider que les systèmes d'informations sont vraiment une activité marginale et qu'ils ne souhaitent plus avoir de département dédié à cette activité.

La nouvelle organisation met un certain temps à se mettre en place, connaissant quelques contradictions qui inquiètent tant les salariés, que les clients et les actionnaires. Bon an, mal an, tout se met en place dans les six mois qui suivent le départ du directeur du département. Pour Pierre l'épreuve est très difficile, d'autant qu'il connaît des difficultés personnelles très graves qui accentuent la manière dont il vit cette situation.

Par ailleurs, il trouve absolument intolérable la manière dont ce départ a été annoncé et orchestré et l'irrespect dans lequel les managers de ce département sont traités. Ceci contrevient à ses valeurs et à sa conception du respect des personnes au sein de l'entreprise. Enfin, l'abandon du contenu de l'activité qu'il manage, le conduit à se poser sérieusement la question de savoir vers quel autre métier s'orienter, sans avoir encore la détermination de changer.

Il veut se donner du temps et une chance d'intégrer cette nouvelle mouture d'entreprise. Ses anciens collègues, autrefois solidaires, épousent les objectifs de la nouvelle organisation et composent avec les multiples modifications d'activité qui sont exigées.

Pierre voit l'intérêt de son métier se réduire considérablement, son autonomie disparaître au détriment d'un contrôle toujours plus intensif ayant pour seul objectif l'évolution de la rentabilité. La navigation à vue de l'entreprise, sans stratégie ambitieuse et vision pour le groupe le fait aussi souffrir. Enfin le climat social s'étant considérablement détérioré, la situation devient pour lui assez intolérable.

Mais le plus difficile est de motiver tous les jours, les personnes de son équipe. Elle est constituée à la fois d'ingénieurs système et réseaux, de chefs de projet et aussi d'assistants projet et de secrétaires. Les uns sont là depuis longtemps, d'autres ont été récemment embauchés et certains touts fraîchement arrivés. Ceci crée un groupe hétérogène. Autant il avait réellement eu à cœur de créer un esprit d'équipe à ses débuts, débordant d'initiatives pour dynamiser l'ambiance et rendre les personnes performantes. Aujourd'hui, ayant perdu lui-même l'enthousiasme, il vit très mal le fait de devoir mobiliser ses troupes. Par ailleurs, la composition disparate de l'équipe conduit certains à avoir des positions, valeurs et convictions plutôt antagonistes. Les uns, proches de l'ancien modèle, et les nouvelles recrues porteuses de la récente conception de l'entreprise.

Il devient alors vraiment difficile de parvenir à un consensus au sein de l'équipe. Tandis que l'ambiance a toujours été chaleureuse et amicale, il commence à y régner un climat assez maussade, des tensions sont perceptibles et occasionnellement des conflits éclatent.

Par ailleurs, son département n'étant plus perçu comme stratégique, les dossiers commencent à partir vers d'autres équipes, les relations vers les clients s'amenuisent car de nouveaux chefs de projet sont nommés. Ceci mine le moral de l'équipe qui se rend bien compte que ses jours sont comptés et qui craint une vente de l'activité à une autre SSII.

Pierre entre alors en conflit ouvert avec sa direction, cherchant à défendre à la fois le contenu de l'activité, comme les prérogatives de son équipe. Mais il sent qu'il se heurte à un mur. C'est la goutte d'eau qui fait déborder le vase.

Qu'il soit personnellement dans l'inconfort, passe, mais qu'il voit tous ses efforts anéantis parce que la nouvelle orientation lamine ses initiatives et maltraite le personnel, il ne peut pas le supporter.

Pour lui, le principal est à la fois la satisfaction du client et aussi la qualité de travail de son équipe. Pierre sent qu'il risque de perdre pied ou de commettre des erreurs.

Il décide donc de quitter l'entreprise et fait un rapport détaillé à la direction générale de ses observations, suggestions et critiques pour permettre à Tragit de connaître également la vision interne de la situation.

EN RÉSUMÉ

Le cas de Pierre est une illustration, parmi d'autres, des incidences d'une réorganisation sur une équipe, une organisation et un manager.

Cette anecdote vise à mettre en lumière différents aspects du conflit que nous allons reprendre, point par point dans la suite de l'ouvrage.

Tout d'abord Pierre est aux prises avec un *conflit interne fort*, il est partagé entre plusieurs décisions à prendre et se sent bloqué.

De ce blocage découle un certain nombre d'autres conflits.

Le premier est un *conflit de valeurs et de croyances* qui a des incidences sur son style de management et sa manière de gérer son équipe. Ce *conflit* de valeurs se retrouve d'ailleurs *au sein de son équipe* entre les anciens qui épousent ses convictions et les nouvelles recrues qui correspondent aux attentes de la nouvelle organisation.

Par ailleurs, *la réorganisation* en cours au sein de son entreprise crée tensions et *insatisfactions* parmi les départements et les différentes personnes impliquées, ce qui les conduit à vivre des *conflits interpersonnels*. Ceux-ci sont accentués par divers enjeux qui conduisent *les équipes à entrer en conflit* pour des questions de rôles et de missions. Le statut d'un département est en jeu et son activité est remise en cause.

Enfin, la situation même de réorganisation est *stressante*, elle crée un climat de tension et mine le moral d'un certain nombre de personnes. Ce qui pour certains peut se caractériser par de nouveaux conflits. Elle est l'occasion d'apprécier pour les uns ce qu'un *changement* induit, c'est-à-dire inconfort, résistances qui se matérialisent le plus souvent par des *conflits latents*.

Cette tension permanente ne tarde pas à éclater au grand jour au moindre prétexte.

Ainsi, nous pouvons voir, grâce à l'exemple de Pierre, combien une situation générale comme la réorganisation d'une partie de l'entreprise peut avoir des incidences en cascade sur différents acteurs de l'organisation. Cela engendre un climat social dégradé et entraîne toute une kyrielle de conflits aux enjeux et dimensions variables qui sont le plus souvent liés les uns aux autres.

Se poser la question des conflits revient à considérer qu'une situation dérange, qu'elle perturbe ou bien que nous nous sentons démunis sans savoir comment la gérer. Une des particularités de la gestion des conflits est, que dès l'instant où nous nous y intéressons, nous prenons la mesure de la complexité de la question. Il est rare qu'un conflit interpersonnel ne soit qu'une incompatibilité d'humeurs entre deux personnes. L'entreprise est elle-même fort complexe et il n'existe aucun élément qui la compose qui vive en autarcie. Chaque personne, chaque relation comme chaque décision ou enjeu stratégique sont en interaction avec une autre personne, une autre entreprise, une autre institution, d'autres acteurs économiques, politiques, etc.

C'est pourquoi afin d'être efficace dans la gestion quotidienne des conflits, il est impératif d'en comprendre les ressorts, les composantes, les différentes dimensions à l'œuvre, de découvrir qu'il existe des conflits de nature distincte et ce n'est qu'en fonction de cette capacité accrue de discernement que leur résolution sera à la fois possible et performante.

Plus nous serons avertis de la multiplicité des causes et origines des conflits, plus il sera possible, également, de les anticiper, de relever les signes avant-coureurs, de distinguer les situations tendues risquant d'évoluer à coup sûr vers des conflits latents ou ouverts.

Nous vous proposons ainsi de cheminer conjointement sur les voies de la compréhension du phénomène et de donner également des outils et moyens de résolution.

⇨ Cet ouvrage va permettre de répondre aux questions suivantes :

- Comprendre un conflit ?
- Quels moyens pour le gérer ?
- Comment anticiper une situation conflictuelle ?

PARTIE 1

Se connaître, connaître autrui afin de maîtriser la gestion interindividuelle des conflits

Chapitre 1

Conflits ? De quoi parle-t-on ?

« L'opposition des contraires est à la fois condition du devenir des choses et en même temps principe de loi. L'état de stabilité, de concorde et de paix, n'est que la confusion des choses dans l'embrasement général...
Ce qui est contraire est utile et c'est de ce qui est en lutte que naît la plus belle harmonie ; tout se fait par discorde...
Le combat est le père et le roi de toutes choses ; de quelques-uns, il a fait des dieux, de quelques-uns des hommes ; des uns des esclaves, des autres des hommes libres. »

Héraclite d'Éphèse

Dans ce chapitre nous examinerons les points suivants :

- Le conflit peut naître d'une opposition entre au moins deux individus visant un objectif commun et dont les positions sont antinomiques.
- Le conflit peut alors générer des tensions entre les parties prenantes concernées et parfois se traduire par des violences verbales ou physiques.
- Nous allons examiner quatre grandes familles de conflits :
  - les conflits entre au moins deux individus ;
  - les conflits au sein d'un même groupe ;
  - les conflits entre deux groupes ou équipes ;
  - les conflits au sein d'une entreprise.

- Identifier à quel type de conflit nous avons affaire et quelles sont ses principales composantes.
- Enfin, le conflit n'est pas qu'un problème, nous allons faire la différence entre les deux termes et utiliser la démarche de résolution de problème afin de prévenir le risque de conflit.

Chercher à comprendre la dynamique des conflits conduit assez rapidement à s'intéresser aux différents travaux réalisés dans ce domaine et nous découvrons alors l'abondance de références faites aux conflits armés c'est-à-dire à la guerre. Il semble que ce soit le premier champ d'exploration réalisé. Ce n'est que tardivement que les conflits ont été envisagés, à la fois sur le plan des relations interpersonnelles, et aussi dans le cadre des entreprises. D'autant, qu'à la suite des deux guerres mondiales, la société avait besoin de « calme » et de se concentrer sur la reconstruction et les moyens de retrouver le consensus au sein de la société. De ce fait peu de chercheurs exploraient le thème des conflits. Ce dernier ne fut réellement examiné qu'assez tardivement dans le XXe siècle. Pourtant ceux-ci étaient toujours à l'œuvre et ce sont principalement les événements de mai 1968 qui ont fait resurgir sur le devant de la scène les difficultés sociales. La dynamique de recherche est donc repartie sur ce sujet, en examinant évidemment, d'abord les conflits sociaux. Ce sujet ne sera pas traité dans cet ouvrage, en effet, il est suffisamment dense qu'il mérite, à lui seul, qu'on y consacre un livre entier.

Ainsi la littérature prolifique en matière de conflits armés nous conduit à élaborer les conclusions suivantes qui s'avèrent applicables à tous les champs du conflit :

- Le conflit est une notion recouvrant de multiples sens.
- L'origine de tout conflit est multicausale.
- Qu'il s'agisse d'un conflit armé, ou d'un conflit interpersonnel, il peut exister de multiples causes et vouloir comprendre un conflit en ne recherchant qu'une seule cause serait une erreur et amènerait à se tromper quant aux moyens de résolution retenus.

Un petit détour par les définitions

Pourquoi passer du temps, « perdre du temps », certains pourraient même dire, à définir ce qu'est un conflit ? Pourquoi ne pas aller à l'essentiel et voir comment résoudre les situations conflictuelles ?

L'origine multicausale des conflits nous oblige à rester vigilants et à prendre le temps de l'examen pour savoir que faire et comment les résoudre. Ainsi, sans prendre la précaution d'être clair, voire précis, concernant l'examen des conflits nous risquons de nous tromper, de manière parfois très importante, sur les modes de réponses à leur apporter.

Par ailleurs, les conflits peuvent signifier des choses vraiment différentes, soit illustrer un malaise important dans une société, un groupe ou entre deux personnes, soit être la conséquence d'une crise que vit l'entreprise ou encore être une opportunité de changement suite à la nécessaire évolution des structures, organisations et modes de fonctionnement des entreprises.

Alors prendre le temps de savoir de quoi nous parlons lorsque nous évoquons le terme de conflit permet d'identifier une situation précise et de pouvoir y apporter les moyens de résolution adéquats.

Ce qui nous amène tout d'abord à définir ce que nous entendons par conflit et également à considérer des concepts annexes qui parfois sont éclairants et à d'autres moments risquent d'apporter de la confusion.

Quelques distinctions

Nous remarquons que certains termes sont parfois pris les uns pour les autres, notamment les termes de *conflit* sont très fréquemment associés aux notions de *tension et violence.* Nous ne ferons pas l'inventaire de tout ce qui peut être synonyme du mot conflit mais la distinction entre ces trois notions nous semble importante.[1]

1. D'après les dictionnaires Alain Rey : *Le Robert Dictionnaire historique* de la langue française, Paris, Éditions Le Robert, 2000 pour la réédition et *Dictionnaire de Langue française Littré*, Éditions Encylopaedia Britannica, 2001.

Le conflit : Étymologiquement, conflit vient de *conflictus* et signifie choc, lutte et combat, c'est pourquoi l'essentiel des recherches a d'abord été réalisé dans le domaine de la guerre. À partir du XVIIe siècle, le mot de conflit est appliqué aux relations interpersonnelles, il est aussi envisagé comme « dualisme intérieur » et par extension, il désigne alors *l'antagonisme* possible dans les champs intellectuels, moral, affectif ou social, voire juridique et psychologique.

La tension : vient du latin *tensio, tensionas* et signifie la manière de tendre et aussi la contraction des nerfs. Puis, à la fin du XVIe siècle, l'usage du mot s'applique au champ psychologique et s'applique principalement à un *effort soutenu*, il signifie également *querelle* et *opposition.*

La violence : correspond au mot latin *violentus* qui signifie emporté, parlant du caractère impétueux appliqué aux personnes et aux choses. Violence signifie ce qui est excessif, qui sort de la mesure, qui agit et s'exprime *sans retenue* et avec *grande intensité.* Et aussi ce qui agit avec force contre soi-même ou contre autrui.

Donc, la différence entre ces termes réside dans le fait que *le conflit est bien la divergence, l'antagonisme entre deux personnes visant à obtenir une même chose.* La tension constitue alors, en quelque sorte, l'énergie sous-jacente du conflit, c'est-à-dire l'intensité relationnelle, la pression que l'opposition amène entre les deux protagonistes. Le conflit crée une tension entre les individus ou les groupes. La violence peut être alors le résultat du conflit, comme décharge ou éclatement dudit conflit, c'est-à-dire débordement excessif d'agressivité vis-à-vis d'autrui ou d'un objet.

> Prenons l'exemple suivant : Jean et Marie souhaitent partir en vacances et demandent à leur manager direct, Pierre, s'ils peuvent prendre leurs congés au mois d'août. Ce dernier leur répond que, dans la mesure où ils occupent le même poste et que leur expertise n'est partagée par personne d'autre, il est nécessaire que l'un d'entre eux reste disponible et présent au cas où un client aurait une urgence, même au mois d'août.
>
> Jean et Marie sont assez dépités et chacun va chercher à démontrer en quoi il est tout à fait impératif qu'il prenne ses vacances en août et combien son cas est prioritaire sur celui de son collègue.
>
> Pour faire valoir leur point de vue, ils en viennent à réellement durcir la situation, et personne ne voulant céder, leurs échanges deviennent secs et désobligeants. Finalement Pierre sera obligé de trancher pour éviter qu'un conflit n'éclate entre les deux collaborateurs.

En résumé, les congés à prendre en août pour les deux personnes créent la *situation conflictuelle*. La *tension* émane du fait que personne ne veut céder, chacun voulant partir, et qu'en même temps le risque d'une détérioration de l'esprit d'équipe pour des congés pose problème et culpabilité à chacun.

La *violence* est ici évitée car Pierre décide d'intervenir en désamorçant le conflit, par la décision qu'il prend sur les dates de vacances.

Donc, *identifier des tensions, observer des violences verbales ou des comportements agressifs sont assurément des indicateurs d'un conflit latent ou ouvert* qu'il sera alors important pour le manager d'identifier pour apporter les solutions adéquates. Par ailleurs, dans le cas de Jean et Marie, le simple fait d'avoir la même demande ou le même besoin est en soi une situation problématique, voire explosive. Pierre, en tant que manager, a aussi le choix d'anticiper tout de suite le conflit potentiel en recherchant, soit tout seul une solution et en expliquant ensuite la décision à ses collaborateurs, soit en réalisant une prise de décision collective avec Jean et Marie.

Le conflit : une notion riche

La littérature étant vraiment très abondante sur le sujet, voici un petit panorama de définitions qui va nous permettre d'aboutir à la proposition que nous retiendrons pour étayer le développement de ce livre.

> « Conflit : rapport de deux pouvoirs ou de deux principes dont les applications exigent dans un même objet des déterminations contradictoires. »
>
> André Lalande

> « Le conflit se définit comme la rencontre d'éléments, de sentiments contraires qui s'opposent. »
>
> Sandra Michel

> « Le conflit est le processus qui commence lorsqu'une partie perçoit que l'autre l'a privé ou menace de la priver de certains de ses intérêts. »
>
> K.W. Thomas

> « Les conflits sont les manifestations d'antagonismes ouverts entre deux acteurs (individuels ou collectifs) aux intérêts momentanément incompati-

bles quant à la possession ou la gestion de biens rares – matériels ou symboliques. »

Dictionnaire de Sociologie

Nous pouvons constater un point de consensus dans ces multiples définitions qui est la notion *d'opposition* et *d'antagonisme* et c'est bien sûr cet aspect majeur que va se faire notre choix.

Il est temps de faire un choix

> « Le conflit correspond à une situation dans laquelle se trouvent des individus dont les objectifs, les cognitions ou les émotions sont incompatibles et les conduisent à s'opposer. »
>
> D. Hellriegel, J.W. Soclum, et R.W. Woodmann[1]

Mais plus encore que l'antagonisme, *il ne peut y avoir de conflit que pour autant qu'une relation entre deux individus existe.* Deux personnes peuvent être en désaccord sur un point, mais il n'y aura pas forcément conflit. Celui-ci ne se produit que pour autant que les deux protagonistes de la situation ont un intérêt en commun qui fait l'objet du désaccord.

C'est pourquoi nous retiendrons que pour qu'il y ait conflit, cela suppose trois conditions :

– des acteurs ;

– une relation entre ces acteurs ;

– des enjeux pour chacun des acteurs.

Ce point fondamental de relation, d'échange, voire d'interdépendance est ce qui pose le plus problème dans le conflit. Quelle que soit la nature du conflit (d'objectifs, de rôles, de valeurs, de statuts, etc.) le fait que les deux protagonistes du conflit aient besoin pour le résoudre d'apaiser leur interaction rend cet aspect relationnel primordial pour gérer les conflits. C'est d'ailleurs l'angle d'approche que nous choisirons d'éclairer en premier car notre expérience nous prouve que comprendre et savoir gérer des conflits interpersonnels est une clé très efficace pour désamorcer d'autres types de conflits.

1. D. Hellriegel, J.W. Soclum et R.W. Woodmann, *Management des organisations*, Éditions De Boeck-Wesmael, 1992.

Cette définition nous conduit à explorer ce qui se passe pour les *acteurs*,[1] ce qui peut se comprendre de la manière suivante : quels sont les rouages et les principes qui conduisent un individu à entrer dans un conflit ? Existe-t-il des prédispositions particulières ? Est-ce lié à la personnalité ? Existe-t-il des origines plus archaïques ?

Pour comprendre les conflits, on peut aussi être amené à examiner la nature des relations entre les individus et supposer que leur qualité peut être responsable de plus ou moins de différends.

Par ailleurs, parler *d'acteurs*, signifie que l'on considère les individus dans leur champ professionnel et non pas uniquement en tant que personnes en interaction avec autrui. La notion d'acteur prend en considération la dimension systémique de leurs actions.

Une personne qui travaille dans une entreprise est amenée à effectuer des tâches et endosser des responsabilités liées à sa fonction, elle exercera son activité au sein d'une équipe, elle-même faisant partie d'un département et plus largement encore d'une unité selon la taille de l'organisation. En bref, elle sera une composante de l'entreprise, en interaction avec les autres salariés et managers. Ses activités, ses actions, ses décisions (ou non décisions) et ses productions de services ou d'informations auront toutes des incidences sur son environnement.

De ce fait, son intégration au sein de l'entreprise n'est pas neutre et il sera primordial, pour le manager, d'être vigilant aux différentes parties de son activité. En effet, sans une prise en compte précise de la manière dont ce nouvel arrivant va s'intégrer au groupe existant, des tensions, voire des conflits peuvent survenir, notamment liés aux éléments suivants : rôle, statut, pouvoir, limites de l'activité et des responsabilités et intérêts qui sont en jeu pour les différents membres de l'équipe.

Être *acteur* signifie aussi que chacun est pris dans les engrenages de l'organisation de son entreprise. Celle-ci peut alors être la source même de turbulences entraînant inconforts, changements, tensions, frustrations et conflits.

C'est pourquoi nous proposons de les examiner sous différents angles afin de rendre compte des multiples imbrications qu'ils impliquent.

1. Nous reviendrons plus longuement sur la notion d'acteurs dans le chapitre 9.

Les grandes catégories de conflit

Le conflit intrapersonnel est distinct de ce que l'on appelle aussi un conflit intrapsychique. Ce dernier concerne le conflit entre les différentes instances psychiques de l'individu (au sens de la psychanalyse), tandis que le conflit intrapersonnel concerne, lui, soit des *conflits cognitifs, soit des conflits d'objectifs.*

Reprenons l'exemple de Pierre. Quand celui-ci se trouve aux prises avec ses objectifs et la nouvelle configuration de l'entreprise, il se sent en désaccord, parfois bloqué dans ses actions car tiraillé entre ce qui lui semble important, c'est-à-dire ce qui l'a fait intégrer Tragit et les nouvelles exigences de l'entreprise avec laquelle il ne se sent plus en accord.

Le conflit interpersonnel concerne un conflit *impliquant deux individus* au moins et qui peuvent se sentir en opposition sur des questions d'objectifs, de valeurs, de comportements ou de manières d'accéder à un objectif.

Pierre, peu à l'aise dans ses décisions, en conflit de valeurs internes, est parfois irritable, commet quelques erreurs et peut même prendre du retard dans ses engagements. Ce qui l'amène à vivre des heurts, occasionnels au début, puis répétés par la suite, avec certains de ses collègues, quelques membres de l'équipe projet et son responsable hiérarchique. Cette tension avec son entourage rajoute à ses difficultés internes.

Le conflit intragroupe concerne les *tensions* qui surgissent *au sein d'un groupe* et qui peuvent affecter son fonctionnement. La plupart du temps, les causes du conflit résident dans la nature des tâches assignées, dans les rôles alloués aux acteurs ou encore dans les processus relationnels.

La nouvelle organisation, se mettant en place cahin-caha, ceci a des répercussions sur les rôles de certaines personnes. Des collaborateurs directs de Pierre sont mutés dans un autre département et de nouveaux venus entrent dans le projet, avec motivation et compétences mais sans connaissance du contexte spécifique de ce projet, en méconnaissant les spécificités du client, en un mot sans avoir l'expérience de ceux qui partent. Le retard consécutif à ces différents changements d'organisation a un impact sur le projet lui-même et sur d'autres départements liés aux dernières parties du projet. D'où des altercations, des réunions houleuses et une ambiance dégradée dans un climat général déjà tendu.

Le conflit intergroupes consiste dans *les désaccords et les tensions qui surviennent entre deux ou plusieurs groupes.* Le type de conflit intergroupes le plus connu est le conflit social entre les syndicats et la direction. Néanmoins, au sein des organisations, les conflits peuvent avoir lieu entre certains groupes sans qu'il s'agisse pour autant de conflit social.

La mise en place des 35 heures au sein de Tragit a pour conséquence des changements d'aménagement du temps de travail qui affectent surtout les assistants de projet. Pierre n'est pas directement concerné jusqu'au moment où deux assistants et trois secrétaires, décident, sans concertation, de prendre leur repos et leur ARTT les mêmes jours de la semaine à savoir le mercredi après-midi ou le vendredi après-midi. Il ne s'agit que de rétablir des plannings de travail et cela prend des proportions inimaginables car certaines personnes considèrent ces demandes de réaménagement de leur agenda comme un abus de pouvoir et ont saisi les syndicats. D'autres ont décrété que leurs responsables de service n'avaient qu'à s'accorder entre eux. Chaque service reportant la faute sur l'autre, bientôt ce fut la zizanie et il a fallu arriver à une note de service interne du chef de département pour y remettre bon ordre. Les deux services qui doivent collaborer voient alors leurs échanges d'informations diminuer considérablement que ce soit en qualité, comme en fréquence.

Le conflit organisationnel provient de l'opposition et *des heurts suscités* principalement par *l'organisation de l'entreprise* (définition des postes de travail et de la responsabilité, autorité, hiérarchie, rôles et fonctions, circulation de l'information, définition claire des frontières entre les individus et les départements, principes de rémunération, jeu des acteurs, etc.)

Enfin, au fur et à mesure de la mise en place de la réorganisation de Tragit, initiée par des pratiques peu respectueuses de ses employés, nombre de collaborateurs, salariés et cadres sont sur la défensive. Les départs, réalisés et en cours donnent une ambiance exécrable. Pourtant certains, fraîchement nommés, voyant l'opportunité d'une promotion inespérée, caracolent dans les couloirs accentuant le malaise. Mais surtout, les rôles ont changé de même que les critères de reconnaissance interne.

Ce changement radical, dans le projet, les représentations, les codes et les critères de reconnaissance comme de recrutement rendent la vie difficile. Certains s'adaptent, y trouvant finalement un intérêt personnel, les uns y voient une occasion de « percer » tandis que d'autres décident de partir, probablement incapables de s'adapter au nouveau schéma. Mais au bout du compte, beaucoup de batailles judiciaires, de procès, de blessures et de grandes pertes d'énergies et de compétences.

Établir à quel type de conflit nous avons affaire

Établir des catégories, définir, expliquer apparaît utile pour autant que la démarche devient familière.

L'intérêt principal de ces distinctions, est d'identifier clairement à quel type de conflit nous avons affaire, sans risquer d'appliquer des méthodes de résolution qui pourraient s'avérer inappropriées et, de ce fait, inefficaces. En utilisant une métaphore médicale, il apparaît parfois inadapté d'apposer un pansement sur une jambe cassée. Seulement, pour éviter ce type d'erreur encore fait-il avoir les capacités de diagnostic du médecin.

Donc, en quelque sorte, nous allons nous entraîner à devenir des spécialistes des conflits et être capables de formuler le bon diagnostic qui permettra alors de déduire les solutions adéquates.

Une autre raison qui légitime le besoin de comprendre et de définir un conflit est que dans ce type de situation, la dimension antagoniste amène toujours sa cohorte d'émotions et d'affectivité. Les sentiments et les affects ne sont guère propices à la résolution sereine et équitable pour les deux parties.

Ainsi, afin de se garantir du maximum de chances de réussite, il est très important de pouvoir être lucide et de prendre du recul pour apprécier la tactique la plus appropriée à adopter. En effet, on peut tout à fait choisir de rester dans une situation conflictuelle avec une personne ou un service afin de répondre à des intérêts particuliers. Imaginons que nous souhaitions changer de poste et que la place visée soit convoitée par une autre personne que nous-même, il peut être tout à fait intéressant de ne pas régler le conflit qui oppose notre service avec Paul car celui-ci pourrait, de ce fait, commettre des erreurs et cela nous conduirait alors à avoir plus de chances d'obtenir ce que nous visons. Ceci est alors une tactique de manipulation dans une stratégie de promotion interne.

MISE EN APPLICATION

Afin de mettre en application ce que nous venons de voir, prenez le temps de vous demander comment les choses se passent au sein de votre équipe et plus généralement de votre entreprise. Pour cela, nous vous invitons tout d'abord à vous poser un certain nombre de questions simples.

Questions à se poser :

Postulat de départ : Je crois que, dans mon équipe, je vis une situation conflictuelle.

Question 1 : Comment caractériser ce conflit ? Trouver des mots-clés. Décrire la situation, les faits, ce qui est ressenti par soi-même et par les autres.

Une fois ce travail réalisé, quel serait alors le terme le plus adéquat ? Tension, violence ou conflit ?

Question 2 : Est-ce que ma situation est vraiment intenable et je ne parviens pas à définir où se situe le problème[a] ? Ou alors j'ai le sentiment qu'il existe vraiment de l'agression vis-à-vis de moi-même ou de mes collaborateurs et je sens que ceci n'est pas admissible[b] ? Ou encore la situation est bloquée, nous ne parvenons pas à un accord[c] ?

Ensuite, nous vous invitons à détailler la situation qui vous pose problème à l'aide de la grille suivante. Cette première grille devrait vous permettre d'y voir plus clair et vous servira de guide pour apprendre à « disséquer » une situation problématique.

La finalité d'un tel outil c'est essentiellement de vous habituer à prendre de la distance par rapport à l'événement, de ne pas réagir trop précipitamment et d'acquérir le réflexe de la mise à distance « objective » vis-à-vis d'une situation très souvent fortement émotionnelle.

Une fois ce travail réalisé, vous pourrez apprécier s'il s'agit bien d'un conflit ou d'un problème et si vous êtes directement impliqué dans la situation. Ce qui arrive très fréquemment dans la gestion des conflits c'est de confondre un problème avec un conflit. C'est vrai que souvent les deux peuvent être liés mais pas toujours. Les distinguer permet aussi d'utiliser les outils de résolution à bon escient.

Ainsi, ces clarifications vous permettront de prendre de la distance et de ce fait envisager une pluralité de solutions possibles.

a. Situation de tension.
b. Situation de violence.
c. Situation de conflit.

Tableau 1.1 – Description d'un conflit professionnel

Il vous est demandé de décrire une situation de conflit professionnel et de la détailler à partir de la grille ci-dessous.

Motif du conflit	Acteurs concernés	Enjeux pour chaque acteur	Sur quoi porte le conflit ?	Comment ce conflit pourrait-il être résolu ?	Qu'est-ce qui empêche sa résolution ?	En quoi ce conflit vous pose-t-il problème ?	Vous êtes partie prenante ? Il vous affecte ? Vous êtes manager de l'un des acteurs ? Autres...

Une fois que votre situation de conflit est correctement décrite, indiquez dans quelle catégorie de conflit vous pensez que s'inscrit votre cas.

Attention un conflit n'est pas un problème !

Souvent les deux sont confondus, parfois, ce qui est décrit comme un conflit n'est justement, en fait, qu'un problème à résoudre.

Distinguer un conflit d'un problème

Problème	**Conflit**
♦ Le problème est mesurable.	♦ Le conflit est non mesurable.
♦ Le problème est observable.	♦ Le conflit est observable.
♦ Le problème est un écart entre une situation existante et une situation souhaitée.	♦ Le conflit est une opposition, un heurt, un choc.
♦ Le problème génère une insatisfaction acceptable.	♦ Le conflit éclate lorsqu'il y a accumulation d'insatisfactions, résultantes d'un ou de plusieurs problèmes non résolus.
⇩	⇩
RATIONNEL	**ÉMOTIONNEL**

Prenons un exemple : Pierre doit prendre une décision vis-à-vis de deux de ses collaborateurs. Il a une équipe de 25 ingénieurs managés directement par trois cadres dont il est en fait immédiatement responsable. Charles est l'un d'entre eux et il est en conflit avec l'un de ses ingénieurs réseau. Celui-ci semble ne pas avoir les qualités professionnelles requises et il serait nécessaire de le licencier car il n'atteint pas les objectifs qui lui sont assignés et ne parvient pas à atteindre la performance attendue par l'entreprise. Charles considère que le mieux serait de muter l'ingénieur dans un autre service. De son côté, Pierre aimerait bien licencier cet ingénieur, mais il pense que s'il le faisait cela remettrait en cause la légitimité managériale de Charles. La question que se pose Pierre est de savoir si Charles est vraiment à sa place. En effet, plusieurs situations précédentes ont montré que Charles n'était pas à l'aise lorsqu'il devait recadrer des dysfonctionnements et pointer les insuffisances de ses collaborateurs. Dans le cas de cet ingénieur, il est fort probable que des erreurs de management aient pu être commises qui ont probablement aggravé la situation.

Ainsi, une question taraude Pierre, est-ce que la mobilité interne de ce collaborateur aura une incidence réelle sur ses résultats ? Est-ce une question de compétences de l'ingénieur et donc de performance ou est-ce une insuffisance managériale ?

Qu'est-ce qui empêche de résoudre cette situation ? Pierre pense qu'il existe un conflit latent entre Charles et son collaborateur mais rien n'a été dit directement à Pierre.

À votre avis : Pour Pierre est-ce un conflit ou un problème ? Qui a un problème ? Que faire pour résoudre cette situation ?

Une fois ces questions répondues, voici très brièvement une méthode simple et efficace permettant d'identifier un problème et de le distinguer d'un conflit.

La résolution de problème

Le processus de résolution de problème, étape par étape, est une approche méthodique et efficace afin d'analyser et de dégager des solutions. Il assure, autant que possible, que les solutions mises en place apporteront des améliorations à long terme et non des arrangements temporaires.

➤ Utilité de la méthode

Trop souvent, face à un problème, nous sommes tentés de foncer tête baissée vers des solutions afin de résoudre le problème au plus vite. Ce gain de temps apparent conduit souvent à des méprises.

L'inconvénient est qu'en recherchant l'efficacité, nous ne travaillons qu'à court terme, nous colmatons les brèches ouvertes par le problème sans comprendre la nature profonde des éléments qui le composent. Vouloir résoudre de façon efficace, complète et à long terme un problème, passe par un processus qui se découpe en six phases.

Un conseil : nous vous invitons à respecter méthodiquement ces six étapes et à leur consacrer autant d'attention, leur simplicité peut apporter des résultats tout à fait surprenants.

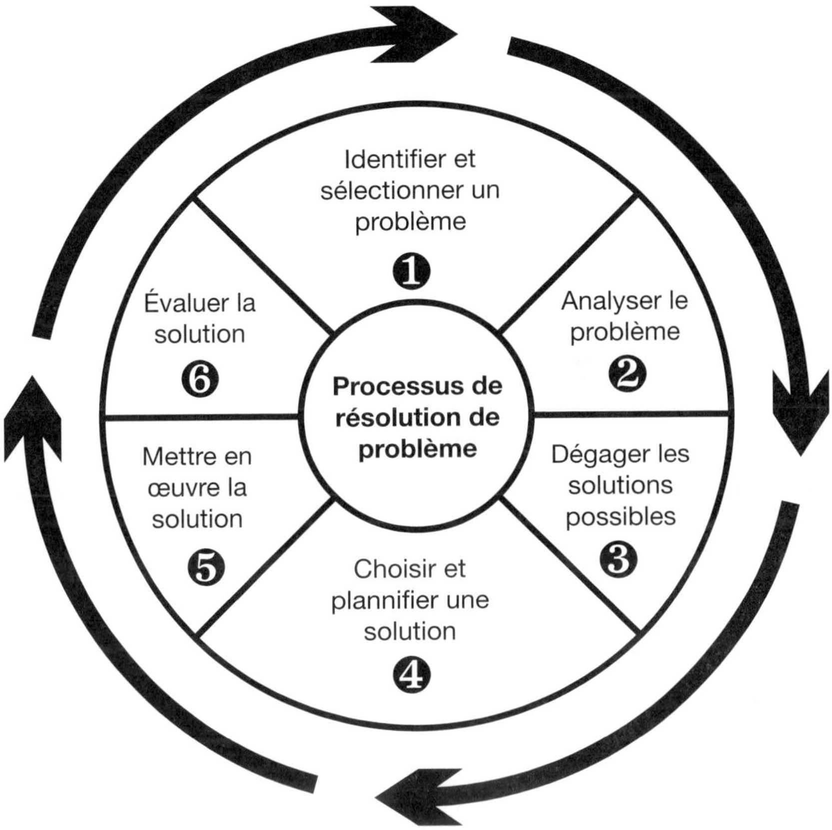

Figure 1.1 – Les six phases de la résolution de problème

Ces étapes sont en fait évidentes et reposent sur le bon sens, mais l'urgence et le besoin immédiat de solutions nous fait souvent occulter que le temps passé *a priori* à comprendre le problème nous fera gagner un temps considérable par la suite par une résolution plus adaptée et donc plus pérenne.

Mais qui a le problème ?

Dernier point, il est très utile de se poser la question suivante : en quoi cette situation *me* pose problème ? Quelle est son incidence pour moi ?

Prenons un exemple, récemment dans un séminaire sur les conflits et la gestion des violences, un participant disait qu'il voulait trouver des solutions pour qu'il y ait moins de tensions au sein de ses réunions de projet. En effet, travaillant dans l'environnement du BTP, il doit gérer un architecte qui pilote des corps de métiers, plus les utilisateurs et les instances de sécurité et d'homologation. Et dès lors que survient un retard, cela peut avoir des conséquences sur tous et cela peut créer des tensions. Il demande alors au groupe de l'aider à trouver des solutions.

Au bout d'un certain moment, le groupe lui demande s'il n'est pas seul à avoir ce problème, car il apparaît que l'agressivité qu'il ressent entre les membres du groupe correspond à leur mode de communication habituel et n'a pas d'effet marqué sur l'efficacité. En conséquence, il pourrait apparaître peu utile de gérer la situation si ce n'est pour lui permettre d'être plus à l'aise relationnellement avec ce groupe de travail.

Nous n'encourageons pas à l'agressivité dans le travail, ce que nous pointons ici, c'est le fait qu'une personne considère qu'une situation est un problème, donc général à tous les acteurs en cause, alors qu'il peut, en fait, uniquement lui poser problème à lui. La résolution est alors différente.

Conclusion

Nous avons cherché dans ce chapitre à clarifier un certain nombre de confusions habituellement réalisées lorsque l'on parle de conflits. Le confondre avec un problème ou avec la violence va avoir pour conséquence de ne pas forcément appliquer les bonnes méthodes de résolution à la difficulté rencontrée.

Se mettre d'accord sur une définition permet alors de travailler avec les mêmes représentations et des modalités similaires de résolution.

Pour un manager, il est essentiel de donner les bases claires de son management et définir les termes de son activité apparaît comme fort utile. Bien évidemment, c'est un travail qui peut être réalisé en équipe, par thème. Lors d'une réunion d'équipe il est possible de travailler sur la notion d'équipe et le style de management qui semble le plus pertinent à adopter en fonction de son activité et de sa mission. Ensuite, la démarche peut se renouveler sur le thème des conflits.

Réaliser ce travail en commun crée en tant que tel une amélioration de la cohésion de l'équipe et facilite la convergence des points de vue pour aller vers une même efficacité.

CHECK-LIST : APPROCHE GÉNÉRALE DE LA GESTION DES CONFLITS

Gérer au mieux un conflit signifie pouvoir identifier sa nature et appréhender le problème sous-jacent.

Ce qui nous amène à définir les étapes clés de la gestion de conflits.

⇨ Identifier le problème :
- distinguer s'il s'agit d'un problème, d'un conflit ou d'une crise ;
- les enjeux du problème.

⇨ Identifier de quel type de conflit il s'agit :
- conflit intrapersonnel ;
- conflit interpersonnel ;
- conflit intragroupe ;
- conflit intergroupes ;
- conflit organisationnel.

⇨ Utiliser différentes grilles d'analyse pour identifier le type de conflit et en comprendre les différentes composantes.

⇨ Rechercher des solutions (différentes selon le type de conflits).

⇨ Mettre en place ces solutions.

⇨ Évaluer ces solutions et le processus de plans d'action + corrections éventuelles.

CHAPITRE 2

Comprendre les origines personnelles des conflits

« Connais-toi toi-même. »

Socrate

Dans ce chapitre nous examinerons les points suivants :

- Établir un panorama assez complet des multiples causes de l'agressivité.
- Identifier l'agressivité comme l'un des moteurs des conflits interpersonnels.
- Comprendre les besoins d'agressivité de l'homme amène le manager à être vigilant lorsqu'elle se manifeste. Il enrichit alors sa trousse à outils managériale de nouvelles options.
- Se connaître facilite aussi une meilleure anticipation de ses réactions et de celles de l'autre. Ce qui conduit soit à anticiper les conflits, soit au moins, à les gérer avec plus de sérénité et d'efficacité.

Nous partons du postulat que la gestion des conflits peut s'illustrer grâce à la métaphore des poupées russes. Il s'agit d'une imbrication de diverses dimensions. Agir sur l'une aura automatiquement des répercussions sur les autres. Ainsi, si nous nous connaissons bien et si nous maîtrisons nos réactions personnelles en situation de conflits, alors la gestion des autres formes de différends (conflits entre groupes ou au sein de l'organisation) reposera sur un socle de réflexes communs. Avant de découvrir différents outils permettant une appréhension de la personnalité et du comportement, nous allons, tout d'abord, parcourir une revue des différentes explications des origines de l'agressivité.

En effet, l'étude des conflits amène très fréquemment à identifier une sorte de besoin, de pulsion agressive qui pousserait chacun d'entre nous à la violence contre autrui et parfois aussi contre nous-même.

Si le phénomène est fort connu et largement observable il n'en demeure pas moins qu'il pose question : comment se fait-il que l'homme qui paraît se distinguer de l'animal commette autant d'atrocités et passe son temps à lutter contre autrui et à entrer si souvent en conflit avec son environnement ?

Y a-t-il toujours quelque chose à défendre ? Ou est-ce une réelle tendance, incontrôlable dont il ne peut se passer ?

C'est ce que nombre de spécialistes ont tenté d'élucider au travers de disciplines telles que l'éthologie, l'anthropologie, la psychologie, la neurologie, la biologie et la psychanalyse.

Nous allons en rendre compte de manière pragmatique afin que le manager puisse piloter plus aisément cette agressivité sous-jacente dans les rapports humains.

Le conflit interne ou conflit cognitif

Le conflit interne peut être défini comme la difficulté de choisir entre deux ou plusieurs options possibles qui s'offrent à la personne. Il peut se manifester dans nos décisions quotidiennes et correspond souvent à des conflits d'objectifs ou à des tiraillements entre des désirs contradictoires. Sans pouvoir trancher, le sujet vit une tension interne, plus ou moins inconfortable, qui très souvent se traduit par une baisse d'énergie, de motivation et plus généralement d'entrain. Le conflit peut porter sur des décisions à prendre ou sur la compréhension d'un problème.

C'est le cas de Pierre. Il souhaite partir de l'entreprise, car d'une part, il ne trouve plus son compte chez Tragit et d'autre part, il ne veut pas abandonner son équipe et de ce fait, il tente de s'intégrer dans la nouvelle organisation. Il vit mal cette situation de compromis car il se sent intérieurement tiraillé.

Le conflit cognitif recouvre également l'écart entre de nouvelles connaissances et celles déjà acquises, comme par exemple lors d'un stage de formation. Ce qui nécessite une adaptation cognitive de la part de la personne afin d'actualiser ses savoirs. Seuls ceux remis en cause donnent lieu à des conflits (exemple : un désaccord par rapport à une réponse à fournir) et sont paradoxalement sources de progrès tant au niveau de l'apprentissage, des connaissances, qu'en ce qui concerne les acquis et les expériences.[1]

Ainsi, l'intensité d'un conflit interne augmente généralement dans les conditions suivantes :

- Il y a plusieurs, voire beaucoup de possibilités d'actions pour régler le conflit.
- Les conséquences positives et négatives des possibilités d'actions sont considérées comme à peu près égales.
- La source de conflit est perçue comme importante aux yeux du décideur.

Le conflit cognitif entraîne des dissonances

Plus encore que le conflit cognitif que l'on peut supposer occasionnel, la persistance simultanée d'éléments de connaissance qui, d'une manière ou d'une autre, ne s'accordent pas s'appelle, dissonance cognitive. Elle entraîne de la part de l'individu un effort pour les faire mieux s'accorder ce qui entraînera la réduction de cette dissonance.

Dans le cas particulier d'un changement au sein de l'entreprise, sachant que par principe, le changement perturbe et qu'il est susceptible de créer des résistances, la direction se chargera d'abord d'expliquer les raisons du changement et surtout les avantages de cette nouvelle situation. Par la suite, le manager concentrera ses efforts sur le fait de

1. W. Doise, G. Mugny, *Le Développement social de l'intelligence*, InterÉditions, 1995.

développer de nouvelles représentations de la réalité à venir pour que celle-ci s'accommode avec l'ancienne et permette de réaliser le saut entre l'ancien modèle (organisationnel par exemple) et la nouvelle mouture. Ce travail sur les représentations comme sur l'identité en évolution des collaborateurs, de l'équipe et/ou de l'organisation aura pour conséquence une prise en compte de la reconnaissance individuelle et collective et facilitera l'acceptation du changement et la résolution des résistances internes.

Comment réduire les dissonances ?

- Modifier la compréhension du problème, changer d'idée à propos d'une situation nouvelle.
- Sélectionner les informations qui conviennent, changer de comportement face à la nouvelle situation. Établir un lien entre recherche d'une consonance[1] cognitive et le changement d'attitudes.
- Ce changement est à concevoir comme une réorganisation d'ensemble, une redistribution de valeurs qui amène l'individu à un nouveau stade de consonance.

L'exposé détaillé d'une situation, à un pair ou à un coach, permettra d'apprécier le nombre de dimensions à l'œuvre dans la situation qui pose problème. Le questionnement de l'interlocuteur permettra de faciliter l'appréhension globale et à la fois détaillée de la situation et d'identifier les pistes de résolution qui pourront alors être mesurées et pondérées et faciliter alors le choix qui permettra de sortir du conflit.

L'essentiel est de pouvoir externaliser ce questionnement ou ce problème car en l'explicitant à autrui, il se clarifie déjà et les axes de solutions apparaissent plus aisément.

Comprendre les racines personnelles des conflits comporte donc cette partie liée à la connaissance et aux compétences cognitives, mais cette seule explication n'est pas suffisante.

Philosophes, psychologues et sociologues ont cherché à démontrer qu'il existe une espèce de « mal » endémique propre à l'homme qui expliquerait sa violence naturelle, il s'agirait de l'agressivité, source de

1. Cohérence cognitive.

conflit et explicative en tant que telle de notre propension à nous battre avec notre prochain.

Voici donc les principales explications qui visent à en rendre compte.

L'agressivité

« L'agressivité devient la source commune d'où jaillissent toutes les agressions. »

Konrad Lorenz

L'agressivité est un processus naturel chez l'homme, de par ses inscriptions biologiques et animales qui parfois le poussent à user davantage de réflexes « innés » que de ses capacités de raisonnement et de distanciation face à ses émotions. L'agressivité serait alors présente au cœur de l'homme afin d'assurer la survie de l'individu et de l'espèce.

Par ailleurs, elle opère sur le même mode que l'impulsivité, elles sont toutes deux d'ordre instinctuel et conduisent très fréquemment à des réactions émotionnelles excessives. Ce repérage permettra au manager d'anticiper certaines réactions et animosités entre les membres de son groupe. La connaissance de ses collaborateurs et la communication régulière avec eux vont lui permettre de savoir qui est davantage « soupe au lait » et impulsif et qui est plutôt calme et affable. De ce fait il préviendra plus aisément les réactions émotionnelles excessives voire les colères inopinées de certains collaborateurs.

Un accompagnement personnalisé de ces personnes permettra également de trouver les ressources internes facilitant la gestion personnelle de leur agressivité.

Il est donc important de comprendre que l'agressivité a besoin de s'exprimer, et qu'elle est normale et naturelle. Ceci aura pour avantage de nous la rendre plus acceptable et familière. Ensuite, elle se manifeste avec plus ou moins de virulence selon les personnes en fonction tant de leur personnalité que de leur problématique psychologique, de leur résistance à la frustration et de la manière dont ce comportement aura pu être valorisé (ou non) dans leur famille et leur environnement. Ce qui conduira à envisager un management individualisé des collaborateurs. Pour ce faire, nous verrons un peu plus loin, comment le manager pilote son propre rapport à l'agressivité avant de gérer celle d'autrui.

L'agressivité : une origine animale

Ainsi, l'agressivité s'ancre dans un comportement naturel car comme les animaux nous avons besoin de défendre notre territoire, nos ressources et notre structuration sociale.

Ce qui signifie que, sans prise en compte pour son équipe :

- des rôles ;
- des frontières ;
- des fonctions ;
- de la délimitation des statuts ;
- des territoires, tant physiques que symboliques ;
- des pouvoirs ;
- des ressources disponibles pour exercer correctement son métier ;
- du respect des structures et organisations établies et annoncées.

Le manager risque de voir surgir des conflits entre les personnes sur l'un de ces paramètres et l'intensité de la violence manifestée sera en proportion de ce « besoin de survie » de cette nécessité de préserver ressources et territoires.

C'est d'ailleurs l'une des raisons qui rend difficile le management de projet, à savoir cette multiplicité d'appartenances, ces courts-circuits hiérarchiques et confusions organisationnelles. La gestion de projet repose sur l'organisation matricielle et conduit souvent à gérer des frontières floues, les rôles de chacun n'étant pas toujours définis et amène les acteurs du projet à être rattachés bilatéralement au chef de projet et à leur manager hiérarchique.

Si ces derniers ne parviennent pas à s'entendre, notamment dans les moments de fixation d'objectifs et d'évaluation du collaborateur, c'est ce dernier qui en pâtira et qui n'obtiendra pas le suivi nécessaire à son activité.

Une des explications de ce comportement tient au besoin instinctuel de lutter, de dominer pour asseoir et maintenir son leadership comme si nous étions menacés de vie ou de mort. Ce résidu instinctuel se manifeste particulièrement dès l'instant que des enjeux forts sont en question, tels qu'une position sociale, une carrière, un périmètre d'activité, des prérogatives, etc.

Alors, malgré un contexte de forte concurrence et d'exigence de performance accrue de la part des entreprises, celles-ci peuvent néanmoins encourager des comportements de collaboration et inciter à clarifier les rôles, les activités, les frontières, les responsabilités ce qui facilite grandement le fonctionnement des équipes.

Les origines psychologiques de l'agressivité

➤ De la nature à la culture : la clé de la gestion de l'agressivité

Alors que nous avons dit combien l'homme puise ses racines dans son inscription biologique et instinctuelle, ce qui semble le distinguer de l'animal c'est sa capacité à créer de la culture. Celle-ci se caractérise à la fois par la mise en place d'interdits sociaux et psychologiques comme par les capacités à révéler les talents artistiques et des rites pour marquer diverses étapes clés de la vie.

Ainsi, cette inscription humaine dans la *culture* est fondamentale car elle est la *clé qui lui permet de choisir de dépasser ou non sa capacité à manifester son agressivité naturelle.*

Une autre composante essentielle de la culture consiste dans la transmission des acquis et des apprentissages et qui détermine notamment la part de l'environnement dans la manifestation de l'agressivité chez l'individu.

➤ L'apprentissage : renforcement ou diminution de la tendance agressive

Par exemple, le fait de voir l'agressivité à la télévision ou dans l'entourage sera plus ou moins encouragé ou à l'inverse minimisé par l'environnement familial.

De ce fait, l'agressivité récompensée ou punie, imprime certains comportements chez l'enfant et détermine ses réactions d'adulte. Si l'agressivité est intériorisée comme positive, suite aux renforcements parentaux saluant des actes agressifs et les considérant comme des marques de courage ou de virilité, l'agression sera alors une attitude spontanée et fréquente que l'on retrouvera dans la vie adulte et professionnelle.

À l'inverse, des enfants habitués à collaborer avec autrui seront plus enclins, face à une provocation arbitraire, à manifester des stratégies plus coopératives.

Les comportements agressifs peuvent être acquis et appris, soit par l'expérience directe, soit par l'observation et l'imitation que ce soit celle des parents ou des médias.

- *L'agression utilisée comme moyen d'arriver à ses fins*

Pour autant, l'agression peut devenir une tactique pour atteindre un but que l'on s'est fixé, ou acquérir un bien que l'on convoite.

Ainsi, l'individu qui se perçoit en compétition avec un autre pour l'obtention de quelque chose, identifié comme une récompense, peut-il faire usage d'agression pour nuire suffisamment à l'autre et le mettre hors jeu, et par là même, atteindre son objectif.

> Paul souhaite obtenir la responsabilité d'un projet important et pour le moment son manager, Pierre ne semble pas le lui proposer. Par contre, il sait que Mireille ayant récemment intégré l'équipe a toutes les compétences requises pour prendre la tête de ce projet. Paul décide alors de ne pas faciliter son intégration, il monte les autres ingénieurs contre elle, fait preuve de harcèlement continu et lui manifeste une agressivité réelle. Celle-ci a tout d'abord cherché à régler la situation à son niveau et n'y parvenant pas, elle a été contrainte d'en rendre compte à Pierre afin qu'il traite la situation.

➤ La frustration, autre facteur d'agressivité

Il apparaît important que le manager soit conscient de la stratégie qu'il utilise pour manager son équipe, qu'elle soit hiérarchique ou de projet. Si les leviers qu'il choisit pour encourager les uns génèrent des frustrations[1] chez les autres, comment va-t-il gérer, après coup, la situation ? Il semble donc important de prendre conscience des frustrations qui peuvent survenir entre les personnes, consécutives au mode de fonctionnement de l'équipe. Si tout ne peut pas être anticipé ou modifié, il est cependant essentiel de rester vigilant à la perception que les personnes ont de tel ou tel dispositif de valorisation, de reconnaissance du

1. La frustration est liée à la non-réalisation d'un besoin ou à l'impossibilité d'atteindre un objectif.

travail, des compétences et de l'implication afin d'éviter des frustrations inutiles qui pourraient entraîner agressivité mais tout aussi bien retrait, désengagement et/ou démotivation.

L'explication psychanalytique de l'agressivité

Une autre différence entre l'animal et l'homme expliquant les causes de l'agressivité, est que pour ce dernier, le psychologique fait la différence.

Ainsi la psychologie définit le conflit « comme l'état d'un organisme soumis à des forces contradictoires »[1]. Pour Kurt Lewin, il s'agit de la « situation où des forces de dimensions égales agissant simultanément dans des directions opposées s'exercent sur l'individu ».[2]

Le conflit intrapsychique est donc caractérisé par l'antinomie de désirs, de craintes, de pulsions et correspond aux différentes époques de théorisation de Freud.

➤ Les pulsions

Selon Freud deux pulsions essentielles Eros (pulsion de vie) et Thanatos (pulsion de mort)[3] se livrent un combat sans merci dans notre psychisme. C'est de cette lutte que nous tirons justement notre vitalité.

Lorsque l'instinct de vie domine, l'envie de vivre et de rechercher le plaisir organise le développement de l'individu. Par contre, quand Thanatos n'est plus entravé par Eros, alors l'agressivité s'accumule, déclenchant des comportements d'agression contre autrui mais aussi contre soi-même.

Pourtant, si la pulsion de mort est bien à l'origine de tous les comportements d'autodestruction que nous pouvons identifier comme nocifs pour la personne (névrose d'échec ou impulsions suicidaires, par exemple), il existe un paradoxe dans la finalité de ces pulsions. C'est ce

1. H. Touzard, *La Médiation et la résolution de conflits,* Puf, 1977.
2. K. Lewin, *A Dynamic Theory of Personality,* McGraw-Hill, 1935.
3. S. Freud. *Au-delà du principe de plaisir. « Cette pulsion agressive est la descendante et le représentant principal de la pulsion de mort, que nous avons trouvée aux côtés d'Eros, et qui se partage avec lui la domination du monde ».*

qui nous intéresse ici dans la gestion des conflits. La pulsion de vie peut aussi conduire à la recherche « statique » de l'équilibre, l'homéostasie tant attendue peut, en fait, amener l'inertie et l'incapacité à changer, à s'adapter et à se remettre en cause.

« La conservation va à l'encontre de l'évolution, c'est un retour perpétuel à l'état antérieur, et le « *but de toute vie est la mort* ».[1]

D'ailleurs les théories évolutionnistes nous le disent bien, si l'homme n'avait pas su sans arrêt s'adapter aux perturbations de son environnement il n'existerait plus. *Ainsi ce qui apparaissait comme négatif, avec la pulsion de mort, à savoir sa capacité à développer l'agressivité appliquée à la survie conduit, en fait, à trouver les ressources d'énergie internes suffisantes pour changer et s'ajuster aux contraintes de l'environnement.*

Par ailleurs, si l'individu veut survivre, il ne peut pas concentrer son agressivité contre lui-même à moins de chercher à s'autodétruire. Donc afin de se préserver, le sujet va extérioriser l'agression, c'est pourquoi l'agressivité est si visible dans le champ des interactions sociales.

Le manager peut alors apprécier qu'en fait, contrairement à nombre d'idées reçues, *le conflit est nécessaire et vital à la fois pour la survie de l'individu comme de l'espèce.* Synonyme de changement, il évite la stagnation et le risque morbide lié au manque d'évolution. Dans les théories sur la stratégie et le marketing, nous savons bien que si une entreprise comme un produit n'évoluent pas, leur risque est de disparaître. Le conflit surgit alors comme cette *contradiction nécessaire* à la remise en cause des acquis et des habitudes permettant un changement significatif et il est alors synonyme de vie !

Par ailleurs, lorsqu'une personne est agressive vis-à-vis d'une autre, il est possible qu'elle se défende d'un malaise interne et qu'elle n'ait trouvé que cet exutoire pour « survivre ». Le manager pourra alors être vigilant face à ces manifestations agressives et souvent injustifiées pour comprendre qu'un malaise est à l'œuvre chez un de ses collaborateurs. Il s'attachera alors à lui permettre de trouver les moyens d'exprimer ses talents et son professionnalisme afin que cette personne obtienne des signes de reconnaissance objectifs sur sa valeur professionnelle. Ceci contribuera à dépasser le conflit interne pour le collaborateur.

1. Freud, cité par H. Touzard, *ibid.*

➤ La libido

Nous voyons que chacun d'entre nous a, comme capital de développement affectif, une relation ambiguë avec les personnes qu'il aime, basée sur un fondement archaïque d'amour/haine.[1] Il est donc tout à fait normal de le retrouver à l'œuvre dans l'établissement de toute relation entre un collaborateur et son manager, d'autant que celle-ci devient importante et de qualité. Cette ambivalence affective expliquera les marques d'attention et de reconnaissance suivies d'agressivité et de contradiction du collaborateur vis-à-vis de son manager.

Par ailleurs, nous comprenons que l'individu, pour se développer et acquérir son autonomie, a besoin de manifester de l'agressivité vis-à-vis de la personne qui incarne l'autorité comme jadis vis-à-vis de son parent. Toute personne pour devenir autonome au sein d'une équipe a besoin de passer par une phase d'opposition à autrui, de confronter ses différences, son cadre de référence et son mode de fonctionnement. Ce qui pourra se traduire par éprouver les limites du manager et plus largement du cadre institutionnel de l'organisation pour expérimenter sa zone d'influence, d'autonomie et de pouvoir. Ce que l'on distingue dans l'évolution de l'enfant, passant par les phases de contradiction de l'adolescence se retrouve en entreprise lorsque la personne cherche à obtenir indépendance d'abord puis autonomie par la suite.[2]

➤ La pulsion d'agression : un besoin de dominer

L'évolution de la théorie freudienne apporte la nuance suivante : si la pulsion d'Eros vise, au niveau de la société prise dans son ensemble, à réunir et « *intégrer les individus isolés en des unités de plus en plus larges, dans lesquelles se trouveraient dépassés leurs investissements narcissiques respectifs. La pulsion d'agression, qui lui est opposée, aura donc pour but la*

1. Voir à ce sujet les travaux de Mélanie Klein (et J.B. Boulanger, *La Psychanalyse des enfants, Puf, 2004*) sur le rapport du nourrisson à la mère qu'il considère alternativement comme bon ou mauvais objet, ce qui détermine ce clivage amour/haine vis-à-vis de ceux que l'on aime.
2. Voir à ce sujet la théorie du *leadership situationnel* d'Hersey & Blanchard et aussi la définition de l'autonomie en psychanalyse et en analyse transactionnelle. Pour une application pratique du concept d'autonomie dans le domaine du coaching, voir également V. Lenhardt, *Les Responsables porteurs de sens, Culture et guide pratique du coaching et du team-building,* Insep Éditions, 1992.

réduction de la sociabilité à l'emprise d'un seul, autrement dit la domination »[1]. La pulsion d'agression apporte le délitement social et favorise l'émergence de leaders naturels.

Ce besoin de dominer est omniprésent chez tout être vivant et il correspond réellement à un besoin de survie de l'individu et de l'espèce. Les éthologistes ont largement expliqué en quoi la domination d'un être sur le reste du groupe permet d'asseoir un leadership qui sera essentiel pour la conduite de ce groupe dans les différentes étapes de sa survie (défense du territoire, répartition des ressources, recherche de nourriture, etc.) et notamment en période de crise.[2]

Pour l'homme et plus largement dans le cadre de l'entreprise, chacun pour asseoir sa légitimité ressent le besoin de dominer soit explicitement par son attitude, et notamment par la recherche du pouvoir et du statut permettant de l'exercer, soit par l'expertise qui est une autre manière de le démontrer. Enfin, certains peuvent chercher à dominer uniquement dans les modalités de la relation et cette manifestation de l'agressivité peut alors très facilement engendrer des conflits et des tensions, car cette revendication de pouvoir relationnel ne repose alors sur aucun statut et pouvoir légitimes. Mais la plupart du temps, les effets d'une domination excessive ou illégitime créent un climat assez détestable et démotivent l'ensemble de l'équipe qui soit se soumet, soit décide de se décomposer, les plus soumis restants, les autres partants.

Le manager aura alors pour souci de préserver les rôles de chacun, tout en encourageant les initiatives et en décelant les potentiels de ses collaborateurs. Il pourra, de ce fait, distinguer les leaders naturels et faire en sorte de leur fournir projets et activités facilitant l'utilisation de leurs capacités afin qu'elles ne nuisent pas au groupe.

> Ainsi, dans une entreprise industrielle belge, le directeur de l'entreprise avait laissé à l'un de ses collaborateurs toute latitude pour développer son leadership. Celui-ci étant particulièrement doué commercialement était tout naturellement devenu le directeur commercial et obtenait des résultats

1. S. Freud, *Nouvelles conférences d'introduction à la psychanalyse* (1933), Gallimard, 1984.
2. Voir à ce sujet les recherches de Kurt Lewin sur les formes de leadership et les influences sur la dynamique de groupe. Également les travaux de Muzar Sherif, repris dans le chapitre 5 sur les conflits intergroupes.

tout à fait satisfaisants. Pour des raisons personnelles, cet homme cherchait à être excellent dans tout ce qu'il entreprenait, que ce soit les relations commerciales, comme la maîtrise de l'informatique ou la connaissance de la stratégie de l'entreprise ou encore les informations sur les concurrents et l'environnement, etc. Tout nouveau projet ou activité était considéré comme un challenge et il s'impliquait totalement, quitte à ne pas dormir afin de devenir le meilleur. À titre individuel, on ne pouvait rien lui reprocher, mais son relationnel avec les autres membres du groupe était assez cyclothymique, très directif et parfois détestable. Par ailleurs, son leadership s'exerçait tant dans les relations que dans les compétences et avait plutôt pour conséquence d'inhiber son environnement. Les autres managers le laissaient faire sentant qu'ils ne seraient pas à la hauteur. Il y trouvait son compte mais pas les membres de l'entreprise et finalement par forcément non plus son patron, car tout reposait sur ses épaules !

Finalement, la direction a changé de directeur qui en a profité pour réaliser une réorganisation importante et aussi pour redéfinir les rôles, les priorités et les prérogatives de chacun. Il a responsabilisé l'équipe de direction afin que le leadership du directeur commercial sur certaines activités puisse être équitablement réparti. Afin de tenir compte de la qualité combative et du besoin de performance de ce directeur commercial, un nouveau défi lui a été proposé, à savoir transmettre une partie de ses connaissances et savoir-faire à plusieurs personnes de l'organisation.

Enfin, de manière à faciliter la gestion de son agressivité et son besoin de domination un coaching individuel lui a été proposé.

➤ Le complexe d'Œdipe ou le rapport à la loi

Freud finit ses recherches sur l'agressivité en montrant combien le complexe d'Œdipe permet l'intégration de la loi pour chaque individu notamment en apprenant le tabou de l'inceste et en découvrant comment le dépasser. Ainsi le dernier conflit le plus structurant pour la personnalité et le plus significatif est le conflit œdipien.[1] Résoudre ce

1. Selon la psychanalyse, il s'agit d'un conflit que doit résoudre l'enfant qui a atteint le stade phallique (environ cinq ans) de son développement psychosexuel. Le complexe d'Œdipe est le fait que le jeune enfant ressent des pulsions sexuelles pour le parent du sexe opposé. Le parent du même sexe devient un rival. Cette situation crée une angoisse de castration que l'enfant va réussir à contrôler en s'identifiant au parent du même sexe. L'amour du parent de sexe opposé est alors interdit et qualifié d'inceste et devient une Loi structurante tant pour l'individu que pour la société. Voir aussi à ce sujet les travaux de Claude Lévi-Strauss.

complexe amène le sujet à accepter la Loi. La peur de la sanction[1] de l'autre, dans la quête d'un amour impossible l'incite à respecter les limites, les règles, et permet d'accepter de se soumettre à la Loi et de gérer son agressivité.

Nous ne nous étendrons pas sur l'aspect théorique mais plutôt sur l'application managériale qui peut en être faite.

Dans l'entreprise, nous pouvons constater les comportements de ceux qui pour s'affirmer et être reconnus vont faire preuve de comportements agressifs et surtout compétitifs, cherchant à challenger ceux qu'ils auront identifiés comme ayant une certaine valeur à leurs yeux. Il s'agira d'éliminer le rival pour s'attirer les faveurs de la personne que l'on cherche à « séduire ». *La compétition n'a bien lieu qu'entre individus se reconnaissant des compétences équivalentes.*

Le manager aura alors à gérer cette délicate étape d'asseoir sa légitimité et son autorité et donc d'être reconnu comme leader. Il doit également être conscient que cette légitimité risque d'être mise à mal par ceux qui ont besoin de se confronter à la loi, aux limites et qui se développent par la compétition et la comparaison à autrui.

Ce mode de fonctionnement apparaît, au premier abord, comme négatif ou non-productif, en effet, il est particulièrement consommateur d'énergie pour le manager. Pourtant, lorsqu'il est bien géré il est aussi source de créativité, d'initiatives et d'innovation. Il s'agit de pouvoir gérer l'agressivité liée à la rébellion et à l'affrontement du leadership. Ainsi, une fois que le collaborateur aura pu intégrer cette limite et accepter l'autorité d'autrui, il « utilisera » cette ressource rebelle comme facteur d'initiatives et déploiera tout son potentiel.

➤ Les mécanismes de défense et leur incidence sur les conflits

Enfin, comprendre les mécanismes de défense permet d'apprécier la part que joue l'inconscient dans la genèse des conflits interpersonnels.

Ainsi, pour s'adapter à la réalité, le Moi est amené à refuser certaines sources de tension, qu'elles soient internes (désirs interdits, pulsions dangereuses.), ou externes (rejet, agression, frustration…). En effet, ces tensions provoqueraient de l'angoisse et une difficulté d'adaptation à la

1. La sanction est appelée castration.

réalité, alors, le Moi, pour se protéger, utilise des mécanismes de défense dont les plus connus sont le refoulement, la projection,[1] le déplacement, la rationalisation ou la négation.

Grâce à ces mécanismes, le Moi évite le conflit intrapsychique, qui laisserait l'angoisse se développer.

Ils empêchent l'apparition des conflits internes, au prix d'une relative déconnexion du réel et surtout d'une agressivité manifestée contre autrui. Dans tout groupe professionnel, le fait de projeter sur l'autre nos sentiments, que nous ne nous avouons pas nous-même, finit par miner le fondement des relations. Par conséquent, la nécessité de recourir à des mécanismes de défense, nécessité vitale et commune à tous, peut rendre difficile la communication dans une équipe de travail et augmente donc le risque de conflits internes au groupe.

Il s'agira pour le manager de permettre initiatives, autonomie et comportement proactif tout en évitant que le collaborateur ne cherche à l'extérieur des causes aux problèmes conflictuels dont il est à l'origine ou en tout cas partie prenante. En développant ses talents de coach,[2] il pourra alors explorer avec son collaborateur les raisons qui l'ont conduit à entrer en conflit et rechercher ensemble les solutions acceptables sans reporter à l'extérieur une tension interne trop forte. Lorsque la situation est trop délicate, il est essentiel que le manager perçoive le seuil de sa compétence et de son rôle et qu'il fasse appel à une aide extérieure.

Par ailleurs, ces défenses internes entraînent parfois des comportements incompréhensibles de l'extérieur et qui peuvent générer des conflits car l'attitude excessive d'une personne devient inacceptable pour son entourage.

Il pourra alors être nécessaire pour le manager d'identifier la nature de cette manifestation agressive et d'envisager un entretien pour mettre au clair la situation avec le collaborateur en question afin d'éviter de tels débordements.

1. La projection signifie qu'un sujet projette sur une autre personne des désirs qu'il méconnaît en les attribuant à l'autre. D'après É. Roudinesco, M. Polon, *Dictionnaire de la psychanalyse*, Fayard, 1997.
2. Voir à ce sujet B. Gauthier, M.-O. Vervisch, *Le Manager coach*, Dunod, 2000.

En conclusion, « le comportement agressif est loin d'être une réponse simple et mécanique : son évocation dépend de la disposition du sujet, de son histoire personnelle, de la situation (frustration, perception de la violence, déclencheurs) ainsi que de l'interprétation que le sujet fait de cette situation ».

Donc, face à des circonstances particulières, chacun peut avoir plusieurs réactions et *une situation agressogène n'est pas forcément révélatrice du potentiel d'agressivité de l'individu.* Les causes apparaissent multiples et la situation s'avère plus complexe qu'il n'y paraît. Le comportement va apparaître comme « *le moyen d'expression et d'action* » tandis que « *la situation agit comme un révélateur* ». Pour expliquer un comportement agressif, « il faut donc partir de l'événement concret que constitue l'utilisation d'un certain comportement en guise de moyen d'expression et d'action, et s'interroger sur la genèse du motif d'action qui sous-tend cet événement. »[1]

Après avoir brossé un panorama assez complet des différentes causes de l'agressivité nous allons, à présent, nous attacher à voir comment la gérer de manière pragmatique. Dans le chapitre suivant nous envisagerons plusieurs leviers permettant au manager de gérer directement sa propre agressivité et aussi celle d'autrui, notamment dans les relations interpersonnelles.

1. P. Karli, *L'Homme agressif*, Odile Jacob, 1987.

QUE RETENIR DE CES EXPLICATIONS ?

Comment vous servir, en tant que manager, de toutes ces informations ?

1. Un de vos collaborateurs peut soudainement paraître préoccupé, démotivé, mal à l'aise, irascible, peut-être vit-il une situation problématique interne, des contradictions dont il n'arrive pas à se départir.
   – Instaurer le dialogue vous éclairera quant à ses difficultés et vous apprécierez alors si vous pouvez l'aider ou si une personne extérieure, tel un coach, ne serait pas plus appropriée pour l'aider à surmonter sa ou ses difficultés.
2. L'agressivité peut avoir de nombreuses origines et explications pour un même individu, néanmoins, certains leviers peuvent être pilotés.
   – Est-ce que le fonctionnement de votre équipe peut générer des frustrations et des insatisfactions ?
   – Donnez-vous à vos collaborateurs les moyens d'atteindre leurs objectifs ?
   – Développez-vous plutôt un climat de collaboration ou de compétition ?
   – Les systèmes de reconnaissance et de rétribution sont-ils équitables ou bien sont-ils générateurs d'inégalité et de frustration ?
3. L'agressivité apparaît comme inscrite chez tous les animaux et prend une tournure particulière chez l'homme. Nous sommes les seuls à pouvoir éprouver du plaisir à être agressifs et violents !
   – Appréciez chez vos collaborateurs si l'agressivité est un mode relationnel occasionnel ou fréquent et s'il est un moyen de réponse à une stimulation (stress, agression, frustration, prise de pouvoir, de territoire ou autre) ou s'il s'agit d'un mode relationnel privilégié.
   – Quels sont vos propres leviers pour gérer l'agressivité ou la violence de votre entourage ?
   – Êtes-vous prêt ? Savez-vous comment vous y prendre ?

Conclusion

Nous avons examiné les diverses causes de l'agressivité afin de comprendre ce qui peut conduire un individu à être agressif et violent et par conséquent à entrer en conflit avec autrui. La diversité des explications implique évidemment la variété des réponses. La gestion des conflits ne peut alors pas se réaliser de la même manière selon ce qui conduit une personne à être agressive (frustration, besoin de domination, etc.). Pour autant il existe des principes simples pour appréhender relationnellement l'agressivité de l'autre et ne pas tomber dans le piège de la surenchère.

CHECK-LIST : GÉRER L'AGRESSIVITÉ

« L'agressif est un souffrant qui s'ignore ». Pierre Karli.

Nous employons l'agressivité surtout lorsque nous nous sentons démunis devant une difficulté ou un danger réel, imaginé ou grossi.

Mais une attaque, une réponse dure, agressive dans la vie professionnelle est souvent une réponse maladroite à un sentiment d'impuissance.

Lorsque nous nous énervons, quand *nous réagissons vivement*, c'est *souvent parce que nous ne savons plus quoi faire d'autre.* D'ailleurs, il peut nous arriver de regretter assez vite notre violence et nous entrons ainsi dans le cycle de la culpabilité.

Il s'agira alors de faire preuve d'une certaine indulgence vis-à-vis d'une personne agressive afin d'éviter l'escalade des vindictes, car elle exprime, en fait, de cette manière, un malaise.

Quelques conseils afin de limiter l'agressivité :

⇨ Agir calmement

- Face à un comportement agressif, éviter de réagir immédiatement.
- Prendre du recul : avoir le réflexe de chercher à comprendre d'abord ce qui se passe avant d'apporter une réponse.
- Prendre conscience de son ressenti sans le subir et y réagir.

⇨ Se protéger

- Dans des atmosphères où règne l'agressivité, éviter de se laisser impliquer affectivement dans une situation qui nous échappe.
- Attention de ne pas entrer dans le jeu du dénigrement mutuel.
- Pour se protéger, se construire une bulle mentale de façon à s'isoler et ne pas se laisser atteindre personnellement.

☞

- Pour se protéger, il faut savoir s'occuper de soi, se concentrer intérieurement afin d'être le plus détendu possible, respirer, boire un verre d'eau pour laisser passer les attaques.
- Laisser à l'autre la possibilité de poser ses griefs sur la table est une autre façon de se protéger. Une agression ne dure généralement pas des heures ; laisser sortir les insatisfactions avant de traiter le problème est important.
- Rappel : l'agressivité est souvent une manière maladroite d'exprimer un besoin ou une vérité. C'est aussi le seul moyen de contact pour certains et tout en étant un apport d'énergie qu'il s'agit de canaliser. Cette prise de conscience facilitera l'empathie vis-à-vis du comportement d'autrui et évitera une réaction trop émotionnelle.

⇨ Être factuel

- Face aux répliques dures, injustifiées, il est nécessaire, dans un premier temps, de faire préciser, éclaircir les faits reprochés, puis de s'impliquer en prenant conscience de ses sentiments avant de s'orienter vers une recherche de solutions.
- Exprimer clairement, simplement et sans affect l'attitude agressive de son interlocuteur : « Là, je me sens agressé ». Ce qui permet de refléter le comportement d'autrui sans l'agresser à son tour et aussi exprimer ses propres limites et son seuil de tolérance.
- Il est souvent important de reconnaître rapidement les faits précisés pour développer des échanges constructifs.
- *A priori*, faire confiance à l'autre. Si ses reproches sont injustifiés, adopter une démarche factuelle lui signifiera que l'on n'est pas prêt à se laisser marcher sur les pieds. Il est important de rester vigilant sur la forme du discours pour ne pas envenimer les choses.
- Rappeler le contrat commun, l'objectif, l'ordre du jour.

⇨ Agir ensemble

- Dans le cas d'agressions verbales, il peut être judicieux d'utiliser un canal de communication assertif, ce qui signifie poser les limites de ce qui est acceptable et conduire l'autre vers l'action.
  - « Que pouvons-nous faire ensemble ? »
  - « Je vous rappelle notre objectif. »
- Rassurer l'autre en trouvant le motif de sa crainte (car souvent il vient d'avoir peur, il vient de vivre une situation difficile face à un client, dans son équipe...) est une autre option.

CHAPITRE 3

Le conflit interpersonnel

« La conscience de soi passe par la rencontre de l'altérité. »

Christine Marsan

Dans ce chapitre nous examinerons les points suivants :

- La connaissance de soi et de nos comportements facilite la compréhension de notre attitude face aux conflits et à l'agressivité. L'autodiagnostic de style de comportement face à l'agressivité permettra d'approfondir les pistes de réponse appropriées à donner en situation de conflit.
- Les différents modèles explicatifs présentés dans ce chapitre ont pour objectif de comprendre la complexité de la relation, ses richesses comme ses pièges. Celle-ci étant basée sur l'interaction de deux individus, lorsqu'un conflit survient entre deux personnes chacun est coresponsable tant du différend que de sa résolution. Comprendre et accepter les modalités de l'interaction et la dynamique des jeux psychologiques apporte des options de résolution plus importantes. La richesse des issues se trouvera autant chez l'autre que chez moi.
- L'essentiel pour résoudre un conflit interpersonnel réside dans la capacité que nous avons à prendre du recul vis-à-vis de la relation, de l'émotionnel qu'entraîne la situation de conflit. C'est en reconnaissant son émotivité et en apprenant à nous distancer de notre subjectivité que nous trouvons, les moyens de résoudre le conflit.

Notre conviction est que l'être humain prend toute la mesure de son humanité justement dans l'interaction. C'est la rencontre avec l'altérité, le regard de l'autre, ses manifestations d'affection comme ses critiques qui vont lui permettre de se structurer et de se forger une image, une identité, une personnalité. Ainsi, la rencontre avec l'autre est essentielle et vitale. Elle est une occasion de croissance individuelle et elle est, dans le même temps source de difficultés, d'oppositions de points de vue, d'incompréhensions, de malentendus, de tensions et finalement de conflits et parfois, malheureusement de violence.

Appréhender ces différences donne alors la clé pour transformer les axes d'opposition en pistes d'amélioration de la relation.

Afin que la rencontre avec l'autre puisse être fructueuse, il est impératif qu'elle repose sur une compréhension mutuelle et un respect des différences.

Dans le précédent chapitre, nous avons examiné en détail les causes psychologiques des conflits, c'est-à-dire ce qui peut conduire une personne à manifester de l'agressivité, de la violence ou de la colère et ce qui peut la pousser à entrer dans un conflit.

Dans celui-ci, nous allons apprécier les modalités de l'interaction entre deux individus (au moins). La première composante déterminante pour envisager l'interaction est de considérer la part indéniable de la personnalité dans la relation. Ce qui fera l'objet d'un autodiagnostic vous permettant de vous situer dans votre rapport à l'agressivité. Puis nous examinerons différentes composantes de la relation afin d'en comprendre les mécanismes, les richesses et les difficultés. Enfin, l'accent sera mis sur les méthodes permettant de dépasser les conflits interindividuels.

Le rôle de la personnalité dans le conflit

Un élément essentiel pour la gestion des conflits est alors de prendre conscience de notre propre mode de fonctionnement. Comme réagissons-nous face à l'agressivité ? Nous est-elle familière ? Est-elle un mode de relation courant ? Ou au contraire, sommes-nous démunis face à elle, préférons-nous fuir et éviter toute colère ou propos acerbes ? Peut-être sommes-nous aussi très habiles face à l'agressivité et savons-nous nous affirmer simplement et avec fermeté.

La personnalité joue une part importante dans la situation relationnelle comme dans la capacité à gérer des conflits. En fonction de notre psychologie, de notre éducation, de l'encouragement que nous avons eu à développer telle ou telle attitude, nous fuyons les conflits ou au contraire, nous prenons plaisir dans le défi, la confrontation ou la compétition ou bien encore nous choisissons d'autres modes de résolution.

Nous vous proposons un autodiagnostic qui vous permettra de faire le point sur vos attitudes privilégiées pour gérer un conflit.

À partir des conclusions de ce diagnostic nous pourrons faire un lien avec le style de management et apprécier comment concilier un management efficace tout en respectant sa personnalité.

Autodiagnostic des styles de comportement face à l'agressivité

1- Répondez spontanément en mettant une croix correspondant à votre choix dans la colonne : Vrai ou Faux.

2- Sur une feuille de papier, notez à chaque réponse pourquoi vous avez fait ce choix, cela vous aidera à situer où sont vos points forts et vos axes d'amélioration.

		VRAI	FAUX
1	Je dis souvent oui, alors que je voudrais dire non.	X	
2	Je défends mes droits, sans empiéter sur ceux des autres.	X	
3	Je préfère dissimuler ce que je pense ou ressens, si je ne connais pas bien la personne.		X
4	Je suis plutôt autoritaire et décidé.	X	
5	Il est en général plus facile et habile d'agir par personne interposée que directement.		X
6	J'essaie de trouver une solution satisfaisante pour les deux parties.	X	
7	Je ne crains pas de critiquer la position de l'autre et de dire aux gens ce que je pense.		X

		VRAI	FAUX
8	Je n'ose pas refuser certains arguments.	x	
9	Je ne crains pas de donner mon opinion, même en face d'interlocuteurs hostiles.	x	
10	Quand il y a une discussion un peu conflictuelle, je préfère me tenir en retrait pour voir comment cela va tourner.		x
11	On me reproche quelquefois d'avoir l'esprit de contradiction.	x	
12	Pour se tirer d'une situation de conflit, je crois qu'il est nécessaire d'abattre cartes sur table.	x	
13	J'ai du mal à écouter les autres et à prendre en considération leurs arguments.	x	
14	Je m'arrange pour être dans les secrets des dieux ; cela m'a bien rendu service.		x
15	Je ne pense pas qu'il soit possible de résoudre un conflit autrement que par le dialogue et la discussion.	x	
16	On me considère en général comme assez malin et habile dans mes négociations et tractations.	x	
17	J'entretiens avec les autres des rapports fondés sur la confiance plutôt que sur la domination ou le calcul.	x	
18	Je préfère ne pas demander de l'aide à un collègue ; il risquerait de penser que je suis incompétent.		x
19	Je suis timide et je me sens bloqué dès que je dois affirmer mon point de vue, surtout face à quelqu'un d'agressif.		x
20	Dans une situation délicate, je trouve important de prendre en considération tous les aspects de la situation.	x	
21	Lorsque l'on me provoque, je reste la plupart du temps bouche bée. Je perds tous mes moyens face à l'agressivité ou la colère.	x	
22	Je suis à l'aise dans les contacts en face à face.	x	
23	Je joue assez souvent la comédie : comment faire autrement pour arriver à ses fins ?		x
24	Je cherche généralement l'aide de l'autre pour trouver une solution.	x	

		VRAI	FAUX
25	Je m'emporte assez facilement et je coupe la parole aux autres sans m'en rendre compte à temps.	X	
26	J'ai de l'ambition et je suis prêt à faire ce qu'il faut pour arriver.		X
27	Je sais en général qui il faut voir et quand il faut le voir : c'est important pour réussir et défendre sa position.		X
28	J'écoute autant le point de vue de l'autre que je tiens compte du mien.	X	
29	Je suis toujours en faveur d'une discussion franche du problème.	X	
30	J'ai tendance à remettre à plus tard ce que je dois faire ou dire.	/	X
31	J'attends que l'orage se calme de lui-même.		X
32	En général, je me présente tel que je suis, sans dissimuler mes sentiments.	X	
33	Un conflit est une richesse, tandis qu'une situation bloquée est une perte d'énergie.		X
34	Il en faut beaucoup pour m'intimider.		X
35	Faire peur aux autres est souvent un bon moyen de prendre du pouvoir.		X
36	Quand je me suis fait avoir une fois, je sais prendre ma revanche à l'occasion.		X
37	Pour critiquer quelqu'un, il est efficace de lui reprocher de ne pas suivre ses propres principes. Il est forcément d'accord.		X
38	Je sais tirer parti du système : je suis débrouillard.	X	
39	Je préfère jouer cartes sur table.	X	
40	Je suis capable d'être moi-même, tout en continuant d'être accepté socialement.	X	
41	Quand je ne suis pas d'accord, j'ose le dire sans passion et je me fais entendre.	X	
42	J'ai le souci de ne pas importuner les autres.	X	

		VRAI	FAUX
43	J'ai du mal à prendre parti et à choisir.		X
44	Je n'aime pas être la seule personne de mon avis dans un groupe : dans ce cas, je préfère me taire.		X
45	Je n'ai pas peur d'exprimer clairement mon désaccord.	X	
46	La vie n'est que rapports de force et lutte.		X
47	Un conflit peut aussi être considéré comme un problème à résoudre, il s'agit alors de le comprendre et d'envisager, ensemble, toutes les solutions possibles.	X	
48	Je n'ai pas peur de relever des défis dangereux et risqués.	X	
49	Créer des conflits peut être plus efficace que réduire les tensions.		X
50	Il me semble important de rechercher ensemble les causes de nos tensions.	X	
51	Jouer la franchise est un bon moyen pour mettre en confiance.	X	
52	Je sais écouter et je ne coupe pas la parole.		X
53	Je mène jusqu'au bout ce que j'ai décidé de faire.	X	
54	Je n'ai pas peur d'exprimer mes sentiments tels que je les ressens.	X	
55	Je sais bien faire adhérer les gens et les amener à mes idées.	X	
56	Je suis convaincue qu'il y a toujours moyen de s'arranger et de s'entendre.	X	
57	Flatter tout un chacun reste encore un bon moyen d'obtenir ce que l'on veut.		X
58	En cas de désaccord, je recherche les compromis réalistes sur la base des intérêts mutuels.	X	
59	Une fois que je suis lancé(e) dans mon argumentation, j'ai du mal à m'arrêter.	X	
60	Je sais manier l'ironie mordante.		X
61	Je suis serviable et facile à vivre, parfois même je me fais un peu exploiter.	X	

		VRAI	FAUX
62	J'aime mieux observer que participer.		x
63	Si nous restons bloqués dans un conflit, peut-être vaut-il mieux faire appel à un tiers pour résoudre au mieux la situation.	x	
64	Je préfère être dans la coulisse qu'au premier rang.		x
65	Je ne pense pas que la manipulation soit une solution efficace.	x	
66	Je partage ma vision du problème avec l'autre pour que nous puissions le régler.	x	
67	Il ne faut pas annoncer trop vite ses intentions, c'est maladroit.	x	
68	Je choque souvent les gens par mes propos.		x
69	Pour gérer une situation difficile, je crois que si l'on cherche à négocier en sortant gagnant-gagnant, c'est le meilleur moyen de maintenir la relation.	x	
70	Je préfère être loup plutôt qu'agneau.		x
71	Influencer les autres est souvent le seul moyen pratique pour obtenir ce que l'on veut.	x	
72	Je sais en général protester avec efficacité, sans agressivité excessive.	x	
73	Je trouve que les problèmes ne peuvent être vraiment résolus sans en chercher les causes profondes.	x	
74	Je cherche à trouver un juste milieu pour nos concessions mutuelles.	x	
75	Je n'aime pas me faire valoir et j'abandonne facilement mon dû plutôt que d'être perçu(e) comme vindicatif(ve).	x	

Vous trouverez le dépouillement de l'autodiagnostic en annexe 1.

Chacun a son style de comportement pour gérer l'agressivité

Cet autodiagnostic est adapté du questionnaire de Thomas et Kilmann issu de leurs recherches sur les conflits.[1] Il repose sur les travaux de

1. D'après le questionnaire original le *Thomas-Kilmann Conflict Mode Instrument* in *Conflict and conflict management,* Thomas et Kilmann Xilcom publishing incorporated, 1976.

Blake et Mouton (1984),[1] caractérisant cinq styles de comportements opératoires dans la gestion de conflits interpersonnels.

Le principe est le suivant : il s'agit de croiser deux variables principales, *l'autorité de l'individu*, d'une part, et *la capacité de collaboration*, d'autre part. L'autorité correspond à l'attention que l'on se porte à soi-même tandis que la collaboration signifie l'attention que l'on porte à autrui. Ainsi les cinq styles représentent les différentes combinaisons possibles de ces deux dimensions et de leur degré d'intensité.

Ils peuvent être décrits sommairement comme suit :

- *Le style passif* correspond à un manque flagrant d'autorité et de collaboration : il s'agit d'une personne qui cherche à éviter les conflits et privilégie la neutralité. Ce comportement peut aussi signifier qu'une personne n'aimant pas les tensions et/ou ne sachant pas les gérer, préfère laisser évoluer la situation toute seule. Cette abstention peut parfois être bénéfique si elle empêche une escalade de la violence et de l'agressivité au sein des membres du groupe. Néanmoins, dans ce modèle comme d'ailleurs, dans celui de Blake et Mouton, ce style de comportement est peu valorisé et peu apprécié par les collaborateurs car il est perçu comme laxiste et peut générer des frustrations.

- *Le style dominateur* dénote un comportement autoritaire qui tient très peu compte, voire pas du tout, de la collaboration. Dans une situation conflictuelle, l'issue sera souvent en défaveur d'autrui, selon le modèle gagnant-perdant.[2] La représentation de la discussion ou de la négociation repose sur le principe qu'une seule des deux parties peut gagner. La motivation principale de ceux qui utilisent ce style c'est de pouvoir atteindre leurs propres objectifs au détriment de ceux d'autrui. Par ailleurs, leur attitude comporte des éléments coercitifs et il existe un besoin de dominer l'autre qui rend difficile, la prise en compte des besoins de l'autre, et pratiquement impossible la collaboration. La personne peut également devenir agressive pour parvenir à ses fins. Par conséquent, ce style de comportement peut engendrer du mécontentement de la part des personnes concernées par ces conflits.

1. R. R. Blake, J.S. Mouton, *Solving costly organizational conflicts,* Jossey-Bass, 1984.
2. En référence aux travaux de Thomas Gordon.

- *Le style basé sur la manipulation*, à l'inverse du style précédent, celui-ci n'utilise pas la confrontation mais davantage l'influence. La personne va inciter les autres à trouver des solutions par eux-mêmes. Le manager est prudent et ne dévoile pas facilement ses cartes. De plus, il fait preuve d'observation afin de ne pas prendre de risques inutiles et sait manœuvrer pour obtenir les confidences de sa hiérarchie. C'est un fin stratège qui saura utiliser les failles du système et de son entourage pour en tirer le meilleur parti. Il peut se servir de la carte de la confiance comme une autre pour atteindre ses objectifs. En règle générale, il est redoutable dans ses négociations, mais son entourage peut parfois en pâtir.

- *Le style fondé sur la recherche d'un compromis* relève d'un comportement mi-autoritaire et mi-coopératif. Ce style se fonde sur le principe de donnant-donnant et suppose à la fois des négociations et souvent une série de concessions. Le compromis est souvent utilisé dans les situations de conflit, il permet de conserver l'équilibre relationnel au sein d'un groupe ou entre deux individus. Cette approche est bien appréciée par l'entourage car il observe clairement la volonté du manager de trouver une solution. Ce style prend en compte les points de vue de chacun et ceci est également bien perçu. Le risque est parfois de chercher à couper la poire en deux, à tout prix, sans forcément rechercher la meilleure solution à long terme. Il correspond à une démarche pragmatique pour gérer les conflits et peut être perçu comme de la coopération (plus ou moins réelle).

- *Le style assertif* correspond à un comportement fortement marqué par une volonté de confiance et de collaboration. Le manager va chercher à poser clairement cartes sur table et à connaître les tenants et les aboutissants d'une situation. Dans le cas d'un conflit interpersonnel, cela va se traduire par une démarche qui vise à faire gagner toutes les parties impliquées, toutefois de manière raisonnable et juste. Dans le style assertif, la négociation illustre la motivation à rechercher la solution qui présente le maximum d'avantages mutuels et de résultats durables.

Les personnes manifestant un style assertif :

- trouvent qu'un conflit est naturel, utile et qu'il conduit souvent à l'adoption d'une solution plus créatrice s'il est réglé convenablement ;
- sont confiantes et spontanées avec les autres ;
- comprennent que, si un conflit se résout à la satisfaction générale, tout le monde trouvera normal de se rallier à la solution ;
- croient que chacun joue un rôle égal dans la résolution d'un conflit et considèrent que toutes les opinions sont également légitimes ;
- ne sacrifient personne pour le seul bien du groupe.

Comprendre les obstacles liés à la relation

Identifier son rapport à l'agressivité est une aide importante pour savoir comment réagir en situation de conflit. Mais cela ne suffit pas, il est aussi essentiel de comprendre les mécanismes de l'interaction afin de modifier également sa relation à l'autre. Car l'interaction de deux personnalités, motivations, différences, histoires, enjeux, objectifs, etc., peut créer autant une alchimie relationnelle qu'au contraire un blocage parfois difficile à dépasser.

C'est pourquoi, nous allons, à présent, examiner un certain nombre de facteurs permettant de comprendre comment la relation entre deux individus peut se passer pacifiquement ou au contraire de manière conflictuelle.

Nous utiliserons essentiellement les référentiels de l'Analyse Transactionnelle[1] qui nous semblent particulièrement éclairants et simples pour comprendre la dynamique relationnelle.

1. L'Analyse Transactionnelle est une théorie d'analyse des relations humaines élaborée par Eric Berne visant à rendre compte de la complexité de la relation interindividuelle. Elle donne des outils simples et clairs pour comprendre à la fois le fonctionnement interne (psychologique) de l'individu et ceux de la relation à autrui.
E. Berne, *Que dites-vous après avoir dit bonjour ?*, Saud & Tchou, 1983.
E. Berne, *Des jeux et des hommes*, Stock, 1967.
E. Berne, *Analyse traditionnelle et psychothèrapie*, Payot, 2001.

Les ressorts de la relation

La relation entre deux personnes repose sur l'interaction de différences : deux histoires, deux cadres de références, deux manières différentes de voir la réalité et de la comprendre. Par conséquent, la rencontre peut se faire de manière relativement harmonieuse si les similitudes entre les personnes – dites aussi « atomes crochus » – sont importantes et à l'inverse, elle sera plus difficile si les différences sont vraiment trop fortes. En conséquence, se connaître, avoir des clés sur sa personnalité et sur celle d'autrui facilite la compréhension des besoins de communication d'autrui.

Du précédent autodiagnostic sur la gestion personnelle de son agressivité nous pouvons déduire qu'il sera sans doute assez difficile de faire communiquer de manière harmonieuse et durable des personnes aux profils d'agressifs avec d'autres plutôt passives.

Pour autant, l'essentiel lorsque nous voulons entrer en communication avec une personne, c'est-à-dire si nous avons réellement l'intention d'établir une relation et que nous souhaitons que l'échange soit positif et sans blocage, il sera essentiel d'adapter notre mode de communication à ce que nous percevons de cette personne. Ceci surtout afin d'entamer le dialogue, d'amorcer la communication, par la suite chacun pourra « redevenir »[1] lui-même, le contact aura été établi, l'échange pourra commencer.

> Prenons l'exemple de Pierre revenant d'un séminaire de communication avec son collègue Jacques. Il lui dit spontanément : « C'était sympa, hein ? » et il voit le visage de ce dernier s'assombrir, il rectifie immédiatement en lui disant : « Tu as trouvé les trois jours intéressants ? » et Jacques lui répond du tac ou tac « oui » et commence à raconter son vécu de la formation. Le lien est établi et il devient possible d'entamer la discussion.

1. Quand j'emploie le terme de redevenir, je veux dire qu'être vigilant à l'autre, se concentrer à établir une communication durable avec autrui et donc adapter son style de communication à autrui peut nous conduire à forcer un peu notre nature. De ce fait redevenir soi-même signifie retrouver sa spontanéité de communication, tout en étant malgré tout vigilant à ne pas volontairement blesser l'autre par sa manière d'être.

Certaines interactions sont productives, constructives et satisfaisantes alors que d'autres sont destructrices et ont pour résultat le mécontentement d'un ou plusieurs individus.

Toute bonne transaction[1] (au sens de leur efficacité relationnelle), produit un résultat positif dans la communication initiée entre deux personnes et conduit à maintenir ou améliorer la relation entre elles. Chacun est gagnant et considère l'autre et lui-même avec valeur et respect.

➤ Analyser les transactions

Afin de comprendre et d'analyser les interactions avec autrui, nous partons du principe que nous communiquons à partir de notre état conscient que l'on peut aussi nommer le Moi.[2] L'observation des échanges entre les personnes démontre une grande variété de réponses possibles, parfois aussi inattendues qu'agréables ou désagréables.

Ces différences Eric Berne les a regroupées en trois grandes instances appelées « États du Moi » : le Parent, l'Adulte et l'Enfant.[3]

Les États du Moi[4] correspondent au fait que lors d'une question ou stimulation d'une personne vers une autre la réponse obtenue n'est pas toujours celle qui est attendue. Ainsi à la question simple : « Quelle est heure est-il ? » les réponses peuvent être très variées et nous pourrions en donner trois exemples plutôt typiques :

- Il est 12 h 30.
- Vous pourriez vous acheter une montre !
- Je vous répondrais si vous me dites s'il vous plaît !

1. Nous utilisons le terme transaction (issu de l'Analyse Transactionnelle) afin de désigner la réciprocité dans la relation et nous pouvons également la nommer interaction.
2. Par distinction aux autres instances psychiques Surmoi et Ça. Éric Berne n'a pas voulu travailler sur la partie inconsciente des personnes dans leurs interactions. Il s'est donc volontairement concentré sur ce qui est observable et conscient entre les personnes qui communiquent. D'où le choix du terme les États du Moi.
3. Vous en trouverez une description en annexe 2 et je vous renvoie à la bibliographie pour des ouvrages détaillant les bases de l'Analyse Transactionnelle.
4. L'emploi des majuscules correspond au choix de l'auteur qui voulait distinguer cette structuration des instances dirigeant les comportements humains des statuts d'enfant, de parent et d'adulte.

Nous pourrions en relever une infinité d'autres. Elles illustrent simplement l'imprévisibilité des réactions d'autrui et conduisent à une certaine vigilance quant à nos modes de communication, que ce soit dans le langage verbal comme non-verbal (intonations, gestes, voix, etc.).

La dynamique de la relation est donc basée sur le fait que communiquer entre États du Moi similaires entraîne une communication fluide et simple. À l'inverse, les blocages peuvent survenir du « croisement » de ces différents États du Moi. En effet, en reprenant l'exemple de l'heure, imaginez que vous ayez un train à prendre et que vous soyez très pressé(e). Toute réponse autre que « 12 h 30 » vous apparaîtra comme inopportune, inadaptée et pourra même contribuer à vous faire manquer votre train, ce qui pourrait avoir pour conséquence de vous mettre en colère, etc.

Par ailleurs, le propre d'un conflit, est d'être une opposition de points de vue, par exemple, entre deux individus qui ont un objectif en commun. Celui-ci pourra représenter l'enjeu, cause de la divergence, qui pose problème et qui peut évoluer en conflit. Il apparaîtra d'autant plus si le mode de communication devient bloquant à son tour, les deux personnes ne peuvent plus s'écouter et l'entente n'est plus possible. C'est pourquoi les relations qui conduisent potentiellement à des blocages de communication sont essentielles à identifier lors d'un échange entre deux personnes qui sont en conflit. Ceci permettra alors de distinguer l'opposition d'arguments, des enjeux présents dans la situation, de la part que joue la communication dans le conflit.

- *Transaction croisée*

Lorsque la discussion s'établit entre des États du Moi Parent et Enfant ceci conduit à une situation bloquante. Le conflit survient par la charge émotionnelle contenue dans les échanges. C'est pourquoi, dès lors qu'une transaction revient dans l'État du Moi Adulte cela facilite la sortie du blocage et contribue à gérer l'aspect conflictuel de la relation. C'est ce qu'on appelle une transaction croisée. Elle a lieu lorsque l'un des deux interlocuteurs change d'État du Moi pour répondre à une stimulation et cela peut entraîner une communication bloquée. Voici un exemple.

Pierre : « Pouvez-vous me remettre votre rapport d'activité mensuel plus tôt ce mois-ci ? À cause des congés, nous avons besoin de boucler les budgets avant la fin du mois de juillet. »

Réponse de Georges : « C'est toujours la même chose, vous demandez les choses au dernier moment, vous ne pourriez pas anticiper un peu en tant que manager ! » Pierre : « Vous avez raison, j'aurais pu m'y prendre plus tôt. »

Si cette communication continuait dans le temps on pourrait dire qu'elle serait très vite bloquée car Pierre a commencé sa demande dans l'Adulte, Georges a répondu dans le Parent, critique en l'occurrence, et Pierre a réagi à partir de son État Enfant soumis. On voit bien que cette réaction fait perdre la face à Pierre, mais une autre réaction, de colère par exemple, aurait tout aussi bien bloqué la situation. Seul le retour dans l'État Adulte aurait permis de sortir de la crise.

Exemple de réponse possible de la part de Pierre : « Je comprends que vous soyez irrité par le court délai que cette exigence vous laisse, pourtant vous connaissez la procédure qui n'est pas nouvelle et par ailleurs, je trouve vos reproches injustifiés et exagérés. Je vous demanderai à l'avenir de bien vouloir en tenir compte, mais si vous avez besoin d'aide, je suis là et je suis disposé à vous apporter le soutien nécessaire. »

- *Transaction à double fond*

La transaction à double fond se déroule à deux niveaux développant une communication ambivalente. Ainsi le contenu de l'échange est énoncé par un État du Moi (Adulte par exemple), c'est ce qui est visible et que l'on décrit alors comme le niveau social de l'échange, tandis qu'un autre message est envoyé à l'interlocuteur, émanant d'un autre État du Moi et qui est alors *l'intention de la personne* décrite comme niveau psychologique du dialogue.

Choisissons le cas d'un achat d'appareil photo. Le vendeur s'adresse à son client de la manière suivante : « Vous hésitez entre ces deux modèles, et je crois que vous avez raison, car le deuxième est sans doute trop cher pour votre budget ». Là le vendeur utilise son état Adulte pour parler à son client mais lui adresse aussi une « invitation » dans son État Parent afin que ce dernier réagisse.

Le client pourrait alors répondre de deux manières (parmi d'autres), soit : « Vous avez raison, je crois que je vais prendre le modèle le plus simple qui, à la fois, correspond bien à mes besoins et m'évitera des dépenses inutiles. »

Là, le client répond à partir de l'État du Moi manifesté (social), c'est-à-dire l'Adulte et le vendeur a « raté son coup ». Soit : « Mais vous ne connaissez pas mon budget ! J'ai tout à fait les moyens de me payer cet appareil et d'ailleurs je le prends immédiatement ! Ah, mais ! » Là le client répond depuis son État du Moi Enfant rebelle et a bien mordu à l'hameçon du vendeur. Ce dernier a gagné et notre client sera peut-être dans le rouge sur son compte en banque !

Donc, les transactions à double fond sont assez courantes et sont souvent utilisées lors de manipulations, conscientes ou non, qui peuvent considérablement nuire à la relation. L'interlocuteur réalise à un moment ou à un autre qu'il s'est fait berner. Il pourrait alors chercher à se venger. Et un conflit a toutes les chances d'apparaître.

• *Transaction complémentaire*

C'est pourquoi seule la transaction complémentaire est un mode de communication fluide. Elle consiste en des échanges entre deux États du Moi complémentaires et facilite une relation durable.

Pierre s'adresse à l'un de ses collègues et dit : « J'ai examiné les chiffres des résultats mensuels et ils sont très satisfaisants. Comment cela se passe dans ton équipe ? » Jacques lui répond : « Nous avons eu quelques difficultés au début du mois et puis la tendance s'est inversée. À présent, le rythme de croisière est pris et tout va bien du coup dans l'équipe. »

La conversation pourrait durer des heures. Les deux personnes échangent à partir du même État du Moi, en l'occurrence ici un État Adulte. *J'insiste particulièrement sur l'usage de l'État Adulte car il est incontestablement le plus utile en situation de conflit et évite de tomber dans des interactions bloquantes que nous allons détailler ci-dessous.*

Le modèle des transactions vise à exprimer que la meilleure manière de sortir d'un conflit est de prendre conscience quel est l'État du Moi qui agit dans la communication. Et surtout, en situation difficile, de *revenir dans l'État Adulte qui permettra de prendre du recul par rapport au blocage, de comprendre ce qui se passe et de faciliter l'issue positive.*

Pour reprendre l'exemple entre Pierre et Jacques qui est une situation sans enjeux, Pierre a interpellé son collègue à partir de son Enfant Libre : « C'était sympa, hein ? », c'est-à-dire utilisant cet aspect de spontanéité et d'enthousiasme de l'État du Moi Enfant. Cela n'a pas été bien reçu par

Jacques, qui en fronçant les sourcils montrait une mimique d'étonnement ou d'incompréhension, probablement venant de son État du Moi Parent. Il réagissait intérieurement au fait qu'il n'était pas à l'aise avec la remarque de Pierre. Ainsi, lorsque ce dernier a changé sa formulation : « Tu as trouvé les trois jours intéressants ? », il s'est placé dans l'Adulte et alors le dialogue a pu s'établir entre les deux États du Moi.

Pour la petite histoire, une fois Jacques lancé dans le récit de son expérience du séminaire, il se mit à s'animer et à s'enthousiasmer et c'est lui qui finalement était dans son État du Moi Enfant libre.

Ainsi se placer dans le bon canal de communication de son interlocuteur faciliter l'échange, l'interaction a lieu et une fluidité de partage peut exister.

De plus, dans une situation délicate, les États du Moi Parent et surtout Enfant nous placent dans un état émotionnel qui nous prive de notre capacité d'analyse, de réflexion et aussi d'argumentation objective. *C'est pourquoi pour gérer les conflits il est essentiel de retrouver notre capacité de distanciation face aux événements et aux émotions, d'une part pour les reconnaître et d'autre part pour les dépasser.* Ce qui permettra alors d'arriver au cœur des arguments qui opposent les deux adversaires et de leur permettre de s'écouter et d'envisager une recherche de solutions en commun.

- *Apprendre à distinguer l'émotionnel du rationnel*

Pour chacun d'entre nous la rationalité ne peut se mettre à fonctionner que pour autant que l'émotionnel ou l'affectif aura pu être calmé.

Une personne triste ou en colère ou encore *aux prises avec la peur est incapable de raisonnement objectif,* elle pourra facilement se laisser emporter par ses sentiments et aura beaucoup de mal à être réceptive à l'autre.

Ainsi, une clé essentielle pour permettre à quelqu'un de sortir d'un conflit est de *faciliter* en premier lieu *l'expression de ses sentiments* de manière à faire *réduire sa « température émotionnelle ».* Ensuite, progressivement, il sera possible de ramener la personne à davantage de raison.

D'ailleurs Pascal disait déjà « le cœur a ses raisons que la raison ne connaît pas », c'est pourquoi chercher à faire sortir une personne d'un conflit, en lui demandant de s'expliquer tandis qu'elle est aux prises avec des émotions vives est particulièrement inefficace. La recherche de solutions ne peut pas venir tout de suite, il est impératif que l'interlocuteur soit disponible et pour cela qu'il soit sorti de ses émotions. En effet, il sera incapable de s'exprimer clairement et ne pourra pas, à ce stade, trouver des solutions rationnelles. Il aura, tout d'abord, besoin de raconter, de dire son malaise et tant que cette « purge » émotionnelle n'aura pas été conduite jusqu'à son terme, la réflexion ne pourra pas reprendre son efficacité.

C'est pourquoi nous allons nous attacher, à présent, à comprendre les mécanismes d'un processus relationnel particulier qui s'appelle jeu psychologique et qui contribue à instiller des réactions émotionnelles, parfois fortes, dans des relations qui initialement avaient l'air d'être fluides et rationnelles.

Pourquoi la relation n'est pas efficace ?

Chacun d'entre nous vise à entrer en relation avec quelqu'un d'autre, quelles que soient les motivations de la communication à l'autre. Nous aspirons à des relations sereines, agréables, positives et qui nous apportent un certain plaisir à être avec autrui. Pourtant, rares sont les relations qui sont vraiment authentiques, dans lesquelles nous nous sentons en confiance et où nous pouvons échanger librement. Il est plus fréquent d'avoir des relations assez superficielles avec les gens et, bien entendu, par manque de compréhension réciproque, elles peuvent très vite dégénérer en conflits.

En fait, les psychologues et les psychothérapeutes qui ont cherché à expliquer les modalités de la relation[1] ont mis en évidence le fait que nous passons la plupart de notre temps « relationnel »[2] à *jouer* plutôt qu'à pouvoir entrer véritablement dans une relation de qualité avec les autres. C'est pourquoi nous allons examiner ce que nous entendons par *jeu psychologique.* Car cette modalité relationnelle est le terreau des situations de communication bloquées. Comprendre le mécanisme du

1. Les psychologues de l'École de Palo Alto et Eric Berne, père de l'Analyse Transactionnelle.
2. Pour aller plus loin, voir le concept de structuration du temps en Analyse Transactionnelle.

jeu psychologique et les raisons qui nous conduisent à jouer plutôt qu'à être dans une relation authentique avec autrui sont les ingrédients de la résolution de la partie affective du conflit.

➤ Qu'est-ce qu'un jeu ?

Lorsque deux individus dialoguent, il est possible de repérer la nature des transactions qu'ils échangent et d'identifier alors une séquence relationnelle, qui aboutit à un « bénéfice négatif » pour les partenaires. Ce qui signifie que le dialogue conduit à des ressentiments, des malaises, les deux personnes éprouvent des émotions plutôt négatives à la suite de cet échange (colère, tristesse, amertume, rancœur, etc.).

Cette séquence relationnelle se joue selon certaines règles préalables et possède des caractéristiques répétitives. Par ailleurs, en fonction de notre personnalité et de notre manière de nous développer depuis notre petite enfance, nous avons tendance à reproduire[1] toujours les mêmes jeux, à y jouer constamment et donc à obtenir quasiment toujours les mêmes bénéfices négatifs.

- *Les caractéristiques d'un jeu*
- Les jeux sont involontaires (les partenaires ne sont pas conscients d'entrer dans un jeu).
- Ils sont répétitifs : chaque joueur a ses jeux favoris et les répète dans le temps.
- Ils impliquent un échange de transactions cachées : le niveau psychologique (sous-jacent) est différent du niveau social (apparent).
- Ils comportent un moment de surprise : les rôles changent brusquement et les partenaires du jeu éprouvent le sentiment de s'être fait avoir.
- Ils permettent de revivre des sentiments inefficaces (bénéfices négatifs).

La caractéristique du jeu, nous l'avons vu, *est d'être répétitif.* Comme il a pour fonction de remplacer un dialogue qualitatif avec autrui car nous recherchons, par-dessus tout, la stimulation de la relation à l'autre,

1. Afin de mieux comprendre ce dont il est question, voir la notion de scénario en Analyse Transactionnelle

nous reproduisons sans cesse le parcours du jeu. Comme une sorte d'itinéraire il suit, immanquablement, les étapes suivantes :

Cela commence par une *accroche* pour appâter une personne par son *point faible* et de ce fait commencer à jouer. L'accroche aura été faite à partir d'un *rôle précis* (victime, sauveteur ou persécuteur).[1] Le jeu consiste à intervertir les rôles de manière à aboutir à un *coup de théâtre.* Ceci conduisant *in fine* à atteindre un sentiment inefficace et valider les croyances initiales de la personne A et par conséquent celles de B qui a bien voulu jouer aussi.[2] Pour retrouver une relation satisfaisante, les personnes peuvent initier un nouveau jeu, comportant les mêmes caractéristiques afin de réparer le premier. Nous voyons que cela peut durer très longtemps, se répéter inlassablement et explique ces relations surprenantes parfois dans des couples ou les modalités d'interactions inefficaces entre un manager et son collaborateur en entreprise.

> Prenons l'exemple de Pierre et Lucie. Lucie dit à Pierre qu'elle est très souvent déçue par les autres, surtout en amitié. Elle se sent abusée ou trahie et se demande si elle peut encore faire confiance.[3] Du coup, elle rentre en relation avec beaucoup de gens mais au bout du compte se retrouve assez souvent seule[4].
>
> Puis, un jour elle relate à Pierre combien elle se sent mal à l'aise par rapport à un conflit qu'elle a avec une collègue. Lucie lui dit souffrir et se sent trahie par l'autre personne qui aurait récupéré une de ses idées à son profit. Le

1. C'est ce qui est décrit à la page suivante les trois rôles dans le jeu psychologique.
2. Voici le détail des étapes du jeu. *L'accroche* : il s'agit d'un message caché derrière une transaction apparente, dont le but est « d'appâter » le partenaire. Bien entendu, cette « accroche » est la plupart du temps inconsciente. *Le point faible* : points faibles spécifiques des partenaires, qui vont être « accrochés » par les sous-entendus. *Le rôle adopté* par la personne qui enclenche le conflit, et se traduit par un changement de rôle dans le triangle SVP. *Le coup de théâtre* : il s'agit d'une phrase dite ou d'une réaction qui surprend complètement l'interlocuteur qui met fin au jeu et déstabilise la personne, ce qui explique pourquoi, à la suite d'un coup de théâtre, les deux protagonistes ressentent un sentiment de confusion. *Le sentiment inefficace* : à la suite de l'échange et du coup de théâtre, les deux joueurs retrouvent leurs bénéfices négatifs en réactivant des sentiments parasites.
3. Ce sont ces croyances sur les autres qui vont motiver son comportement vis-à-vis d'autrui.
4. Il s'agit là d'un bénéfice comportemental qu'elle va obtenir par le jeu psychologique qu'elle met en place, basé sur ses croyances sur elle-même et sur les autres.

conflit éclate, les deux protagonistes ne parviennent pas à s'entendre et Lucie annonce à Pierre qu'elle préfère quitter l'équipe plutôt que de devoir continuer à travailler avec Noëlle. Puis, Pierre s'entretient avec celle-ci qui lui fait également part de sa souffrance et se sent très meurtrie des accusations portées par Lucie.

En fait, au vu des éléments recueillis, la situation apparaît comme compliquée et aucune partie prenante n'est totalement « innocente » dans l'histoire. L'impression qui se dégage est que Lucie a raconté l'histoire à son avantage.

La finalité de l'exemple n'est pas de rentrer dans le détail du conflit qui oppose les deux personnes. Il s'agit d'identifier comment Lucie fait des amorces de jeu qui, si elles sont saisies par Pierre, vont entraîner des jeux psychologiques entre tous les acteurs. Chacun se sent alors en porte-à-faux. Pierre peut alors prendre parti et risquer de perdre son rôle de médiateur et sa capacité à trancher le différend. L'annonce du départ est alors le bénéfice du jeu permettant de valider les croyances « je suis déçue par les autres », « je ne peux pas leur faire confiance », « les autres m'abandonnent et je me retrouve seule ».

Il s'agira pour Lucie de prendre conscience de sa manière de communiquer qui peut autant être dommageable pour elle que pour l'autre. D'autant que les conséquences relationnelles peuvent avoir un impact sur l'équipe, le manager, voire dans certains cas sur le département entier selon l'expertise spécifique de Lucie.

- *Les trois rôles dans le jeu psychologique*[1]

Afin de comprendre la dynamique du jeu psychologique, il est important de savoir qu'il repose sur des rôles différents selon les étapes du jeu. Ces trois rôles : Sauveteur, Victime, Persécuteur, par facilité nous les nommerons SVP correspondent à ce que chaque personne peut utiliser lorsqu'elle *joue* avec quelqu'un d'autre.

Stephen Karpman les a schématisés sous la forme d'un triangle. Aucune de ces positions n'est satisfaisante et ne permet d'établir une relation saine, mais la plupart du temps c'est autour de deux de ces rôles que nous « passons notre temps » à communiquer avec l'autre.

1. Dit aussi triangle dramatique de Karpman selon la terminologie de l'auteur, spécialiste de l'AT.

Nous pouvons parfois passer par toutes les étapes, mais le plus souvent chacun d'entre nous alterne deux positions privilégiées.

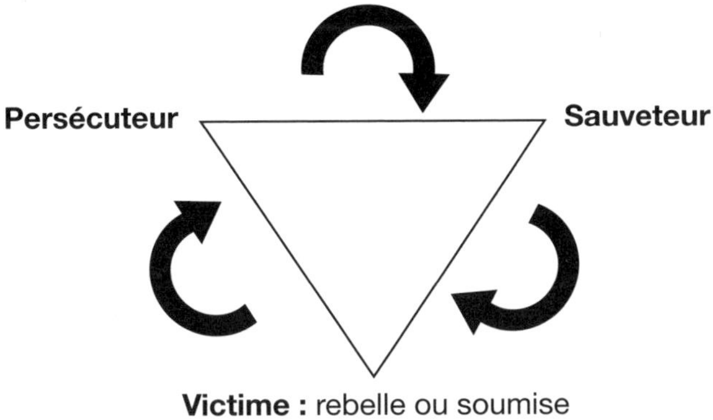

- *Quelles sont les caractéristiques de ces rôles ?*

Chacun fait preuve de méconnaissance[1] vis-à-vis de ses propres capacités et chaque rôle a sa propre manière de ne pas prendre en considération la totalité de son potentiel.

- Le Persécuteur méconnaît la valeur des autres.
- Le Sauveur méconnaît la capacité des autres à agir, ressentir ou penser par eux-mêmes.
- La Victime méconnaît sa propre valeur.

Afin de permettre une meilleure compréhension, nous avons répertorié les jeux principaux sous chacun des rôles clés afin d'en saisir leur dynamique. Par commodité de lecture nous vous les avons détaillés en annexe.[2]

Ainsi, la particularité du jeu réside dans son aspect dynamique qui se traduit par le changement régulier de rôle.

> Marc, lors d'une session sur la gestion de conflits, nous relate à table sa situation de travail qui apparaît comme problématique. Consciemment je laisse faire le processus de manière à pouvoir exploiter la situation dans l'après-midi. Chacun se met à donner des conseils et à chercher des solu-

1. Terme détaillé dans le chapitre 4.
2. Voir annexe 3.

tions. À chaque proposition, Marc répond par « oui, mais… » et formule soit un nouvel argument ou fait apparaître une information que nous n'avions pas. Dans les premiers temps, cela semble adapté puisque nous ne connaissons pas la situation donc il est normal de donner davantage de détails sur le contexte. Pourtant, cette modalité d'échange dure une bonne partie du repas.

Puis j'interromps les échanges en demandant ce que chacun pense et ressent de ce qui était en train de se passer. Les émotions sont différentes selon les personnes mais pour l'essentiel, il s'agit d'agacement, d'avoir le sentiment de tourner en rond, voire un sentiment d'impuissance pour un des participants.

Chacun a le sentiment d'écouter Marc et d'avoir cherché des solutions pour lui rendre service et rien ne paraît lui convenir. Ceci est typiquement l'illustration qu'un jeu est à l'œuvre. Les indicateurs pour repérer qu'il s'agit d'un jeu sont : la répétition de l'objection « oui, mais… » qui bloque le processus de résolution de la situation,[1] le sentiment d'impuissance ressenti par tous les participants cherchant à aider Marc. Enfin l'impression de dépenser beaucoup d'énergie inutilement ou de se sentir incapable d'aider.

La manière de s'en sortir est alors de faire émerger de la personne qui relate son histoire une demande précise. Est-ce qu'elle nous communique ces informations afin d'être écoutée ? Ou est-ce qu'elle souhaite un conseil ? Ou encore des options lui permettant de trouver des issues à son problème ? Tant que l'énonciation claire d'un besoin et d'une demande particuliers n'est pas faite à ses interlocuteurs, il y a risque de jeu relationnel. Ceci peut conduire à bloquer la communication. En effet, comme la motivation de l'échange n'a pas pu s'énoncer explicitement, il se fait malgré tout et progressivement les intentions divergentes apparaissent sous le mode du blocage. Jusqu'à ce que le procédé même de la relation soit rendu visible et compréhensible, la plupart du temps par un tiers. Alors la relation peut sortir du conflit, ou pour le moins du blocage.

➤ Avons-nous conscience que nous jouons ?

Ce qui nous conduit à nous demander pourquoi nous jouons plutôt que d'établir de vraies relations. Au-delà des motivations psychologi-

1. « Oui, mais… » est l'intitulé d'un jeu. Vous trouverez en annexe 3 le détail des différents jeux en fonction des rôles SVP.

ques réelles qui sous-tendent les jeux, nous pouvons dire que c'est la plupart du temps parce que nous ne savons pas comment établir une relation authentique que, par défaut, nous jouons. Jouer nous apporte, en fait, un certain confort et comme c'est le principal mode relationnel que nous connaissons, nous nous y attachons.

Alors pourquoi jouer ?

1. Pour être en relation et obtenir des stimulations de l'autre.

2. Pour éprouver des émotions fortes et échapper à la routine.

3. Pour obtenir des signes de reconnaissance de l'autre, une stimulation relationnelle plutôt que l'indifférence.

➤ Comment sortir des jeux ?

Il existe des moyens pour sortir des jeux psychologiques et il est tout à fait possible d'inverser la tendance. Pour y parvenir plusieurs éléments sont nécessaires :

- Envisager l'autre et soi-même avec respect, comme ayant de la valeur, ce qui fait référence à ce que l'on appelle *les positions de vie* et qui débouche sur la posture gagnant-gagnant.
- Identifier son mécanisme de scénario, c'est-à-dire ce que nous avons besoin de répéter sans cesse et apprendre à nous en défaire. Ce qui peut se traduire, ici, par savoir comment sortir des trois rôles principaux de Victime, Persécuteur, Sauveteur.
- *Établir une relation équitable prévient les jeux psychologiques*

Une première étape consiste à retrouver notre propre valeur et à considérer autrui avec autant de respect que nous-même. Car, bien souvent c'est par une appréciation erronée de notre valeur ou de celle d'autrui que nous avons besoin de jouer en dévalorisant soit l'autre, soit nous-même, ne connaissant finalement que ce mode de reconnaissance et d'interaction à l'autre. Prendre conscience de la valeur des autres et de nous-même permet de dépasser nos peurs relationnelles dont nous avons vu combien elles pouvaient être les moteurs de l'agressivité. Ce qui va également permettre d'établir une relation équitable avec autrui sans que l'un ou l'autre n'ait besoin d'être dominant ou de jouer le soumis.

> Prenons l'exemple de Marie qui a toujours pour habitude d'apparaître docile et soumise dans ses relations, qu'elles soient personnelles ou professionnelles. Ce comportement est évidemment bien confortable pour son entourage qui lui dicte ordres et exigences sans grand ménagement. Toutefois, cette position « sociale » de soumission vis-à-vis de toute personne incarnant l'autorité n'est guère supportable à la longue et Marie a besoin de compenser, de récupérer en quelque sorte. C'est pourquoi elle peut assez souvent, « psychologiquement » utiliser le rôle de persécuteur afin d'avoir le dessus sur autrui. Ce sera peut-être pour un temps court, mais le bénéfice positif aura été de reprendre du pouvoir dans la relation et le bénéfice négatif aura été celui de bloquer les échanges avec son mari ou son patron.
>
> Il faudra un nouveau jeu, qui consciemment aura pour fonction de réparer les « dommages » causés à la relation et inconsciemment permettra de supporter assez de soumission pour reprendre à nouveau les rênes, etc.

On mesure bien l'aspect « cercle vicieux » du jeu psychologique et il devient alors urgent de trouver une issue afin d'envisager autrement la relation. Se reconnaître une valeur est donc un prérequis évident, pourtant, nombreux sont ceux qui ont un mal fou à ressentir et à réellement agir dans une relation équitable. *La valorisation de l'autre et de soi-même est le ressort interne qui libère des peurs relationnelles et incite à vouloir mettre en place une relation durable et de qualité.* Seul facteur garantissant dans le long terme la qualité d'une relation.

- *Retrouver ses capacités d'affirmation*

Il s'agit de retrouver sa capacité d'affirmation se soi, c'est-à-dire énoncer clairement ses besoins et ses attentes, formuler fermement ses limites et engager une relation équitable avec autrui. Cela se traduit par le renversement du triangle, les rôles SVP évoluent en trois attitudes positives qui sont la juste transformation des énergies psychologiques négatives en dynamique relationnelle efficace et positive.

Les deux bases de *protection* et de *permission* contribuent à l'expression de la puissance de l'individu.

La *protection* se substitue au rôle de Persécuteur. Elle repose sur le versant normatif et structurant du Parent. C'est cet aspect positif qui permet de définir des normes et un cadre réglant les modalités de l'échange et permettant le développement d'une communication fructueuse et saine.

La *permission* supplante la position de Sauveteur, s'appuie sur le versant positif de l'aspect nourricier du Parent permettant de faciliter l'expression des émotions, des intentions et des pensées. La permission encourage la confiance en soi et facilite la mise en application de la puissance de l'individu.

La puissance consiste ici à être capable de pouvoir affirmer ses besoins, ses demandes, ses sentiments et ses opinions. Elle remplace la position de Victime et rend la personne responsable de ses choix, développant assurance et assertivité.

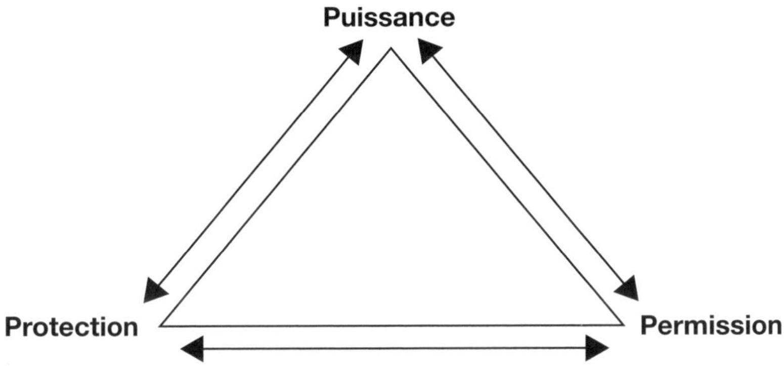

> Reprenons l'exemple de Marc (explication d'une situation problématique à table). En facilitant la formulation de sa demande, nous le faisons passer d'un rôle de Victime à la redécouverte de sa puissance de décision et d'affirmation de lui-même. Il reprend son autonomie et peut demander ce dont il a besoin sans passer par des stratagèmes qui peuvent très vite tourner en situation bloquante quand ce n'est pas en conflit.

- *Quelles attitudes adopter pour sortir des jeux ?*

Car si la compréhension de la dynamique du jeu est claire et que son issue peut se saisir assez facilement, sortir d'un des rôles repose sur un changement de comportement et plus fondamentalement d'attitude. C'est donc ce qui prend le plus de temps, puisqu'il va s'agir, grâce à la compréhension du mécanisme du jeu, de *trouver les ressorts pour faire autrement.*

C'est d'ailleurs tout l'intérêt du travail sur soi et du développement personnel qui permettent cet apprentissage progressif de la transformation des comportements.

Nous allons présenter des clés de transformation qui peuvent être assez pratiques à mettre en place.

Comment sortir de la position de Sauveteur ?

- Attendre qu'il y ait une demande, la provoquer si on sent un appel indirect à l'aide.
- Ne pas s'occuper des affaires de l'autre.
- Se freiner.
- Ne pas se projeter dans la situation de l'autre (ne pas prendre sa place, même si la demande est « que ferais-tu à ma place ? »).
- Aider éventuellement la personne à trouver SA solution, ne jamais lui donner la nôtre et pour cela :
  - écouter ;
  - reformuler ;
  - se taire.
- S'entraîner à faire confiance, penser aux messages cachés que l'on fait passer en donnant des conseils ou des solutions, (« tu n'es pas capable », « je sais », « tu ne sais pas »…).

Comment sortir de la position de Victime ?

- Renforcer la confiance en soi.
- Prendre ses responsabilités.
- Reconnaître et accepter ses propres limites.
- Demander sans se plaindre.
- Choisir le bon moment pour demander.
- Choisir la bonne personne pour demander (ne pas s'adresser à un persécuteur reconnu).
- Accepter d'avance un « non » à sa demande (laisser l'autre libre de sa réponse et décider de ne pas lui en vouloir).
- Faire confiance.
- Se convaincre qu'il n'est pas obligé de souffrir pour obtenir quelque chose.
- Se convaincre qu'être malheureux ne donne pas de droits particuliers et a plutôt le don d'irriter les autres et non de les attendrir.

Comment sortir de la position de Persécuteur ?

- Halte au jugement !
- Accepter la contradiction.
- Accepter les limites de l'autre.
- Accepter la différence.
- Être tolérant.
- Partager le territoire.
- Limiter ses goûts pour le pouvoir.
- Prendre conscience que dominer l'autre n'a qu'un temps.
- Être ouvert au changement.
- Limiter ses exigences (« sois parfait », « sois fort »).

➤ En conclusion sur ce point

La première étape consiste à identifier ses propres jeux psychologiques et les avantages que nous pouvons en retirer. Puis, comprendre ses besoins de communication et les moyens que nous avons pour obtenir des signes de reconnaissance ce qui va nous rendre vigilant à déceler les jeux à l'œuvre entre deux personnes, que nous soyons directement impliqués ou non.

C'est souvent *la répétition* et *le coup de théâtre* qui seront les premiers *indicateurs* qui pourront nous *rendre attentifs* au phénomène du jeu psychologique.

Une fois qu'un jeu aura été identifié, nous pourrons alors mieux le comprendre et trouver les moyens d'en sortir.

Sortir des jeux psychologiques et gérer les conflits n'est possible que si nous réalisons une transformation significative de notre manière de nous considérer et de respecter l'autre. C'est la première étape pour opérer des changements du comportement individuel.

Tous les jours, nous pouvons avoir à y revenir pour améliorer notre tolérance et notre respect à la fois vis-à-vis d'autrui et vis-à-vis de nous-mêmes.

Ainsi, une bonne connaissance de nous-même et l'identification des leviers sur lesquels nous devons travailler personnellement nous permettront d'acquérir plus facilement une certaine maîtrise relationnelle, une bonne assertivité et, de ce fait, une meilleure aptitude à gérer sereinement les conflits.

Résoudre le conflit

Créer un cadre et établir un contrat relationnel

Nous venons de voir que pour sortir des jeux psychologiques, il est essentiel de pouvoir placer un « cadre » fixant les normes et les règles de la relation. Ce qui est une clé déterminante pour la gestion des conflits interpersonnels.

Afin que la personne puisse s'exprimer librement, partager, tant son ressenti que ses opinions et pensées sur la situation et qu'elle se sente accueillie dans ses propos, il est important de fixer les modalités du dialogue. Comment va-t-on procéder pour que la parole s'exprime ? Quelles sont les règles de l'écoute ? Que fait-on lorsque le conflit redémarre ?

Comment accueillir les propos de l'autre aux prises avec son ressenti (colère, tristesse, peur, etc.) sans immédiatement réagir, se justifier, surenchérir ?

Autant de questions portant sur les modalités de l'échange qu'il faut impérativement définir afin que les protagonistes du conflit puissent trouver un cadre d'expression solide qui *libère* la parole et permettre de parvenir progressivement à la résolution du différend.

C'est pourquoi les notions de cadre et de contrat sont très importantes car elles permettent de discuter *a priori* avec les deux personnes qui sont en conflit, des modalités de la discussion.

En tant que personne tierce dans une situation conflictuelle, nous allons servir d'intermédiaire et de médiateur et pour cela, il est fondamental que les règles du jeu soient clairement établies. Ce cadre et l'explication claire des modalités de l'échange vont permettre de sécuriser les deux protagonistes, d'avoir des bases solides et sûres sur lesquelles la personne qui gérera le conflit pourra s'appuyer en cas de débordement émotionnel, d'agressivité excessive ou de toute forme de violence.

Le contrat vise à englober le cadre mais aussi à poser précisément, dès le départ, les objectifs assignés à cette résolution de conflit. C'est-à-dire justement le fait qu'il va s'agir de le résoudre. Il va donc y avoir un délai, peut-être la nécessité de prendre des actions correctrices et préciser les modalités claires sur lesquelles les deux antagonistes vont se mettre d'accord pour les suivre tout au long du processus. Dans le cas de la présence d'un médiateur, il sera là pour assurer le respect du contrat et des règles de fonctionnement tout au long de l'échange.

Ces éléments seront alors réellement les garants de l'avancée des débats et permettront de contenir la violence excessive.

Distinguer l'émotionnel du rationnel

Afin de manier avec plus d'agilité les différentes grilles de lecture que nous vous avons détaillées et pour éclairer la méthodologie de résolution de conflit, nous vous proposons d'expérimenter la distinction entre ce qui est émotionnel et ce qui est rationnel. Nous allons exploiter le cas d'un coaching d'une personne voulant comprendre une situation délicate de conflit dans laquelle elle se trouvait coincée. C'est en lui permettant de dissocier ce qui est de l'ordre du factuel, de l'observable et de ce qui est du ressort de l'interprétation qu'elle a pu identifier des options pour sortir de sa situation pénible.

Le récit de Gisèle, manager d'une équipe depuis une dizaine d'années

« Il s'agit d'une réunion hebdomadaire d'équipe pour faire le point sur les affaires courantes et communiquer les informations de la direction. Tout le monde est à l'heure à l'exception de François qui arrive, comme à l'accoutumée, en retard et qui reste debout. Il dit qu'il ne voit pas l'intérêt de ces réunions, car on y dit toujours la même chose et qu'il a autre chose à faire. Je lui demande de s'asseoir et de participer malgré tout à la réunion.

Je continue l'ordre du jour et débute la réunion. Les membres de l'équipe commencent à participer et François n'arrête pas de gigoter sur sa chaise. Il me coupe souvent la parole lorsque je parle, soit en me contredisant soit en critiquant ouvertement ce que je fais ou ce que je dis. Lorsque je l'interroge directement sur une question, il répond qu'il ne sait pas et d'ailleurs il n'est pas payé pour réfléchir et c'est à moi de savoir répondre à ce type de problèmes. Il cherche constamment à attirer l'attention. Je n'en peux plus de ces réunions, cela m'épuise, je ne sais pas quoi faire. Et d'ailleurs, non content d'intervenir à tout bout de champ, il fait des messes basses à ses voisins, ricane, les distrait, c'est vraiment très difficile à supporter. Qu'est-ce que je peux faire ? »

Les questions du consultant

Avant de répondre à la question de Gisèle sur les options de réaction, nous examinons ensemble la manière dont l'interaction s'est déroulée entre Gisèle et François. Puis, nous détaillons le processus relationnel afin d'identifier toutes les nouvelles options relationnelles.

- Pouvez-vous nous dire comment François est rentré dans la salle, quelle a été son attitude, comment se comportait-il ?
- A-t-il gardé cette même attitude tout au long de la réunion ou avez-vous pu noter des comportements différents ? Si oui, pourriez-vous les distinguer et retrouver les changements de comportements correspondant aux phrases qu'il a prononcées ?
- Pourriez-vous, à présent, identifier les réflexions que vous vous êtes faites lors de l'arrivée de François et tout au long de cette réunion ?

Les étapes de la démarche

1- Faire relater l'événement par la personne.

2- Distinguer les faits, ce que dit ou fait la personne, de la manière dont le manager réagit à ce comportement.

3- Puis réaliser trois colonnes : ce que la personne dit ou fait, quel est son dialogue interne face à ces actions, quelles sont ses réactions, puis les observations faites en utilisant l'analyse transactionnelle.

4- Ensuite, à partir des interprétations faites du comportement, comprendre ce qui se passe pour décider dans l'Adulte que faire et comment.

Voici les réflexions de Gisèle :

Ce que je me dis : prendre conscience de mon ressenti : « Je me sens frustrée, bizarre, mal à l'aise. »

Ce que j'interprète du comportement de l'autre :

- Peut-être qu'il ressent un manque d'affection, qu'il a besoin de reconnaissance, qu'il a besoin que je m'intéresse à lui ?
- Peut-être est-il misogyne ?
- Peut-être est-ce un conflit de leadership ? Peut-être cherche-t-il le rapport de force ou la prise de pouvoir ?

Tableau synthétique des principales catégories réalisées par Gisèle

Ce que la personne a dit ou fait	Ce que je me dis (dialogue interne) + réactions	Observations avec les références AT
La personne entre la tête baissée.		Enfant Adapté soumis.
Il reste debout.	Affirmations provocatrices.	Enfant adapté rebelle + triangle dramatique : P/V/S.

Ce que la personne a dit ou fait	Ce que je me dis (dialogue interne) + réactions	Observations avec les références AT
Il bouge sans arrêt.		Agitation (comportement passif).
Il répond « Je ne sais pas » à mes questions.		Confusion - Passif-agressif.
Il recherche le contact visuel.		Recherche de signes de reconnaissances.
Il coupe la parole.		Jeu : Oui, mais…
Il fait des remarques sur « moi ».		Parent critique.
Pendant la réunion, il parle à ses voisins.	Énervement. Manque de respect, colère. Étonnement, déstabilisée, démotivation.	Agitation avec visée de provocation. Jeu P/V/S.

Quelles sont à présent les options proposées par Gisèle ?

- Elle peut exclure François des réunions, le risque est qu'il sape son travail dans l'ombre, réalise une coalition avec certains contre elle, à son insu.
- Elle peut aussi décider de confronter le comportement de François lors de la prochaine réunion, mais le faire devant tout le monde comporte le risque que l'équipe trouve cela injuste et se ligue avec François contre elle. Son management d'équipe deviendrait alors intenable.

C'est pourquoi nous préférons proposer ce type de solutions :

Elle peut désormais décider d'une entrevue avec François afin de lui expliquer le désagrément d'une telle situation tout en cherchant à « confronter » les divers comportements de François. Elle peut alors essayer de à comprendre avec lui la nature du conflit qu'il manifeste. Une fois celui-ci identifié, elle peut chercher avec lui des solutions pour en sortir ensemble sur le mode gagnant-gagnant.

Puis, elle lui explique que ses comportements ne sont pas acceptables en situation de groupe et chercher avec lui les moyens pour qu'il obtienne des signes de reconnaissance autrement que par la provocation.

Elle pourra aussi, lors de la prochaine réunion, fixer les règles de fonctionnement de la réunion, c'est-à-dire quels sont les comportements acceptables et ceux qui ne le sont pas, présenter une charte à l'équipe et obtenir son accord là-dessus. Une fois le cadre fixé, il lui sera plus facile de s'y référer et si un manquement a lieu, il deviendra plus légitime de pouvoir ramener François à la raison, d'autant que d'autres membres de l'équipe pourront tout à fait prendre en charge cette responsabilité afin qu'elle puisse animer tranquillement la réunion.

Établir un contrat avec une personne ou une équipe en fixant le cadre et les règles de fonctionnement explicites facilite pour le manager le fait d'y revenir et de faire constater le non-respect de l'une d'entre elles. Il sera alors plus aisé de trouver des actions correctives qui seront acceptées par tous.

Les modalités de l'entretien en situation de conflit

L'exemple de Gisèle nous conduit à considérer un point important qu'est l'entretien de conflit. Car pour faire évoluer l'attitude de François, il va être nécessaire de clarifier la situation par un entretien. Ainsi, plus que dans tout autre contexte, il va être primordial que l'entretien se déroule de la manière à la fois la plus fluide et aussi la plus efficace, à l'abri des contaminations psychologiques de l'échange relationnel, comme nous l'avons vu avec les jeux psychologiques précédemment. Ainsi, pour réussir cet entretien ou plusieurs si nécessaire, il nous apparaît important de suivre les étapes suivantes.

➤ Établir la relation

- Instaurer un climat de confiance (mettre en place un espace/lieu convivial et propice au dialogue, sans être dérangé, ni interrompu).
- Cadrer l'échange en fixant un contrat des modalités de la relation comme de l'objectif attendu de cet entretien et fixer les règles de fonctionnement.
- Annoncer que c'est vous qui avez un problème (dans le cas où vous êtes à l'initiative de la résolution de conflit). Vous précisez que cette situation conflictuelle vous pose problème et que vous souhaitez la résoudre avec l'aide de l'autre.

➤ Conduire l'entretien de manière factuelle

- Baser la discussion sur des arguments factuels et des faits observables et mesurables, ce qui induit d'avoir bien préparé votre dossier au préalable, à la fois pour avoir des faits avérés et aussi afin de vous départir d'une trop grande charge émotionnelle.

- Écouter et prendre en compte les arguments et les objections de votre interlocuteur (reformuler son point de vue).
- Distinguer la nature des objections réelles des manifestations d'un jeu (identifier ce qui est en train de se passer).
- Rechercher ensemble des solutions.
- Parvenir à un accord mutuel sur des éléments factuels précis, envisager un plan d'actions mesurable et révisable ce qui peut passer par un certain nombre d'étapes.

➤ Suivi de l'entretien de gestion des conflits

- Revoir l'interlocuteur pour faire le point :
  - validation des progrès réalisés et continuité du plan d'actions établi ;
  - recadrage (dans le cas où la situation n'aurait pas évolué, voire ce serait détériorée).

Si la situation reste bloquée, il est pertinent de rester sur un mode relationnel factuel et dégagé des excès d'émotivité afin de confronter des comportements inappropriés à la situation. C'est le cas lorsque par exemple, la personne s'infantilise et pousse son interlocuteur à avoir une attitude exagérément normative voire autoritaire. L'essentiel sera de maintenir l'alliance relationnelle, basée sur la confiance et de revenir au cadre posé pour l'échange afin de ramener régulièrement la personne vers le dialogue constructif, même si ce dernier peut ne pas être forcément en accord avec votre position.

Démarche de résolution d'un conflit entre deux personnes : la médiation

Dans une optique de capitalisation des trois précédents points examinés pour résoudre le conflit interpersonnel, nous vous proposons, à présent, une démarche complète de résolution de conflit entre deux personnes dans laquelle nous faisons intervenir une tierce personne afin qu'elle réalise une médiation.

Même si un conflit peut être résolu entre deux personnes par le dialogue et sans forcément l'aide d'une tierce personne, nous prenons le cas où la situation est suffisamment bloquée et nécessite l'intervention de quelqu'un. Ce protocole permet de venir à bout de situations émotionnellement impliquantes. Car c'est principalement les affects qui vont entraîner des blocages au-delà des arguments du différend.

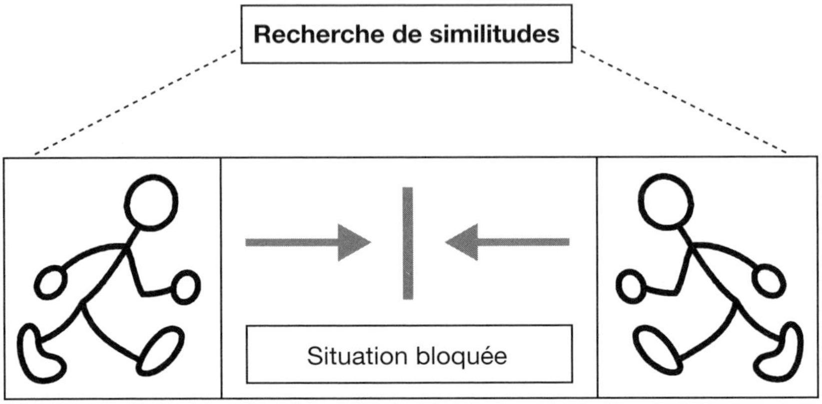

1. Poser le contexte

Nous partons du principe que deux personnes sont en conflit par rapport à un enjeu commun et qu'une charge émotionnelle forte est identifiée. Nous envisageons la possibilité qu'une tierce personne (manager ou un médiateur)[1] se charge de gérer le différend et de conduire les deux protagonistes vers une solution satisfaisante pour les deux parties.

La résolution d'un conflit repose sur plusieurs composantes :

- compréhension des mécanismes de fonctionnement de soi-même et d'autrui ;
- compréhension et gestion des spécificités relationnelles ;
- clarification de la situation pour découvrir la nature du problème et le point de désaccord ;
- identification des enjeux des protagonistes ;
- prise de conscience de leur volonté de venir à bout de ce conflit ;

1. Selon l'intensité du conflit, il peut être souhaitable de faire appel à une personne extérieure à la situation, soit une tierce personne de l'entreprise mais non impliquée dans le problème, par exemple sans lien avec l'équipe. Ou alors, il pourra s'agir d'un médiateur externe. Les situations excessivement bloquées, notamment dans les contextes de conflits sociaux, font très souvent appel à des médiateurs professionnels extérieurs à l'organisation.

- prise en compte d'un « passif » relationnel ;
- prise en compte du contexte du conflit ;
- mise en place de règles précises pour faciliter l'échange et la discussion voire la négociation.

2. Établir le contrat

Avant de rentrer dans le vif du sujet, il va s'agir de poser les bases de la discussion, c'est-à-dire le cadre qui va définir les règles de fonctionnement de l'échange, ce qui est acceptable et ce qui ne l'est pas. Ceci aura pour objectif d'endiguer les insultes et toute forme de violence. Il sera de la responsabilité du médiateur de faire respecter ces règles.

Ce sera également l'occasion de clarifier les rôles de chacun et notamment de celui qui assure la médiation.

Ensuite, un contrat sera passé entre les deux protagonistes et le médiateur sur ce qui va être atteint à la fin de ce processus de médiation, à savoir : la résolution du conflit, l'établissement de solutions pour l'issue et l'accord de chacune des parties sur les conclusions trouvées ensemble.

Une fois les bases de la communication définies, le cadre explicitement énoncé, et l'accord passé sur le contrat, le processus de résolution de conflit peut débuter.

3. Fixer la finalité de la médiation

La première étape va consister à dédramatiser la relation c'est-à-dire à gérer les aspects relationnels et émotionnels de la situation avant de s'occuper des arguments qui opposent les protagonistes.

Pour ce faire, le travail du médiateur va consister à établir un diagnostic de la situation de manière à distinguer la part affective du conflit des arguments du litige.

4. Établir le diagnostic

De manière à pouvoir réaliser cette distinction, le médiateur va faire expliciter la situation par A puis ensuite par B. Ceci va lui permettre d'écouter quelle est la nature du problème, à quel type de conflit il a affaire et quelle est la part d'émotivité pour chacune des parties prenantes de ce conflit et enfin quel est le mode relationnel à l'œuvre dans l'interaction.

Par ailleurs, cela amène chacun à écouter en silence le point de vue de l'autre, ce qui sera un premier pas d'ouverture à l'autre.

5. Gérer l'émotionnel entre les deux protagonistes

À l'aide des différentes grilles de lecture (rapport à l'agressivité, État du Moi, jeux psychologiques, rôles SVP, etc.) que possède le médiateur, il va alterner le dialogue entre les deux personnes et identifier avec elles, en leur expliquant, le cas échéant avec modèle à l'appui, ce qui est en train de se passer dans la communication. Ceci de manière à faire « baisser la température émotionnelle » et faciliter l'écoute de l'autre.

Une façon de s'y prendre est de proposer à chacun de reformuler le propos de l'autre. Ainsi, après avoir écouté la description de la situation, A va retranscrire la position de B et vice versa. Cela permettra au médiateur d'écouter attentivement la formulation choisie par chacun, c'est en effet là que de petites phrases, attitudes ou intonations risquent d'illustrer la part affective qui entre en jeu dans l'échange entre ces deux personnes. Le dérapage vers des jugements ou des critiques et des apports personnels pourra être exploité. Le médiateur pourra les noter et ensuite les rappeler dans la restitution qu'il effectuera de manière à identifier quand et sur quoi A et/ou B ont *besoin de transformer des éléments factuels en instruments de dévalorisation d'autrui.*

Cette étape sera probablement un temps fort du processus durant lequel chacun aura envie d'exprimer son ressentiment et ses émotions. C'est là qu'il sera essentiel pour le médiateur de faire respecter les règles de parole établies lors du contrat. Il sera en effet, très riche d'apprendre à écouter l'opinion de l'autre, sans jugement et sans réaction, simplement en accueillant sa différence.

6. Prendre en compte l'argumentation d'autrui

Une fois la partie émotionnelle prise en compte et apaisée,[1] il va s'agir de passer au contenu même du différend avec pour objectif de parvenir à une résolution.

Pour ce faire, le médiateur va pousser chacun des protagonistes à dérouler la situation, les arguments, les avantages et les inconvénients

1. Bien entendu, cet aspect émotionnel peut revenir à plusieurs reprises dans la gestion du conflit, toutefois, avec un bon accompagnement, à chaque occasion, l'intensité affective sera moindre pour finalement devenir quasi inexistante, puisque libérée.

de la situation bloquée en se mettant à la place de l'autre. Chacun va réaliser cette étape à tour de rôle. Bien entendu, le médiateur sera vigilant à l'alternance des prises de parole afin que chacun ait eu l'opportunité de s'exprimer de manière à ne pas ajouter au processus de blocage des interprétations sur la méthode du médiateur.[1]

Cette énonciation du contexte et des raisons même du différend exprimé par la « partie adverse » apportera une certaine mise à distance pour chaque protagoniste de son propre problème et facilitera la prise en compte de l'avis de l'autre. Ce sera une première étape vers la considération des arguments de l'interlocuteur. Cela permettra également la prise de conscience des points de blocage, du vécu de l'autre, de ses contraintes et de ses enjeux. Bien entendu le médiateur conduira les protagonistes à mettre en avant les similitudes entre leurs points de vue.

7. Réaliser une synthèse du différend à mi-parcours

À ce stade, le médiateur réalisera une synthèse de la situation en reformulant tant les arguments que la manière dont s'est déroulée cette étape de sorte qu'un bilan intermédiaire puisse être réalisé. Le médiateur donnera des signes de reconnaissance à chacun afin de valider et d'ancrer les progressions des deux personnes sur le processus de résolution.

8. Identifier les différentes étapes bloquantes dans le conflit

Ensuite, le médiateur invitera à analyser dans le détail les éléments de la situation, étape par étape afin d'identifier les points de blocage restants, les arguments divergents et rechercher des axes d'intervention possibles pour envisager une résolution.

9. Rechercher des propositions

Nous supposons que la méthode se déroule, avec ou sans encombres. S'il y a des difficultés cela signifie revenir à une étape antérieure, avec patience et sans animosité en facilitant la déculpabilisation de chacun de manière à permettre de reprendre le processus de résolution.

1. Néanmoins, si la situation pose problème, s'envenime ou reste bloquée, très vite le tord peut être attribué au médiateur qui passe du rôle de tiers facilitant les échanges à celui de bouc-émissaire dans un processus de jeu psychologique victime-persécuteur.

Cela peut aussi se traduire par des interruptions de quelques minutes à plusieurs jours, selon l'intensité du conflit.

Une fois les étapes clés de la situation de blocage identifiées, il va être question, à présent, de rechercher en commun les issues possibles.

Nous suggérons une phase de brainstorming qui aura pour avantage d'aller explorer, de manière créative, une grande variété de pistes, mêmes incongrues. Cette distraction faite par la créativité permettra de diminuer les tensions internes liées aux enjeux de la position que chacun pourrait avoir à défendre.

Pour chaque proposition retenue comme réaliste, une négociation débutera afin d'envisager un accord réel et l'engagement des deux parties sur cette résolution.

Ce processus se déroulera jusqu'à épuisement de tous les points de litige.

10. Rédiger un plan d'actions

Selon la nature des conflits, il sera nécessaire, de mettre au point un plan d'actions. Il sera alors important de détailler chaque étape en terme d'objectifs à atteindre, de délais et de résultat attendu. Il sera également important de fixer des critères d'évaluation de la qualité du résultat, comme répartir les rôles de chacun.

11. Conclure

La conclusion porte sur le contenu du conflit comme sur les modalités de la médiation. Donc, il sera important de synthétiser chaque point d'accord, de reformuler le plan d'actions et d'obtenir un assentiment réel de chacun.

Puis, ce sera le moment de clore la médiation et de faciliter le processus de deuil vis-à-vis du conflit. En effet, certains pouvaient s'être attachés au mode conflictuel, y prendre goût en quelque sorte. Chacun s'exprimera aussi sur le chemin parcouru grâce à cette médiation et formulera l'état émotionnel dans lequel il se sent à ce moment précis ainsi que le degré de satisfaction sur les solutions trouvées et le plan d'actions élaboré ensemble.

La médiation sera alors terminée et chacun pourra repartir plus serein et un problème en moins sur les épaules.

Tableau 3.1 – Rappel et fonction de chacune des étapes

1. Contexte	Camper le décor de la situation.
2. Contrat	Règles de fonctionnement du processus de résolution de conflit. Clarification des rôles et fixation du contrat tripartite.
3. Finalité	Ce que les deux protagonistes veulent atteindre.
4. Diagnostic	État des lieux de la situation : identification du type de conflit et appréciation du degré d'émotivité dans le conflit.
5. Gestion de l'émotionnel entre les deux protagonistes	À l'aide de différentes grilles de lecture et méthodes, le médiateur va faire baisser la température émotionnelle.
6. Prise en compte de l'argumentation d'autrui	Détail de l'argumentation de chacune des parties + écoute du point de vue adverse.
7. Synthèse à mi-parcours du différend	Accord sur la nouvelle situation.
8. Identification des différentes étapes bloquantes dans le conflit	Examen des différentes étapes bloquantes dans le conflit, prise en considération des enjeux et contraintes de la partie adverse.
9. Propositions	Recherche de solutions en commun.
10. Plan d'actions	Élaboration détaillée et qualitative d'un plan d'actions.
11. Conclusion	Conclusion, accord et bouclage du processus de médiation.

En dernier lieu, il sera également important d'être vigilant au fait qu'en tant que médiateur, il est essentiel d'avoir résolu par moi-même le conflit qui concerne les autres personnes, car si je sais résoudre pour moi, je peux aider l'autre à résoudre également. Évidemment cette mise en garde est d'autant plus pertinente pour le manager qui peut être partie prenante du conflit, directement ou indirectement. Toutefois, elle peut aussi être valable pour des médiateurs extérieurs, qui pourraient se laisser prendre par les implications du conflit à faciliter.

CHECK-LIST : CONFLIT INTERPERSONNEL

Afin de résoudre un conflit interpersonnel, voici une check-list des étapes clés à se remémorer afin de parvenir à une issue satisfaisante.

1- Comprendre

⇨ Apprendre à mieux se connaître et comprendre son mode de fonctionnement (Autodiagnostic de ma réaction à l'agressivité).

⇨ Comprendre les modalités de la relation interpersonnelle :

- mécanismes de la relation ;
- obstacles et jeux psychologiques ;
- comment sortir des pièges de la relation ?

2- Agir et résoudre

⇨ Gérer son émotivité :

- établir un contrat relationnel et des règles de fonctionnement de circulation de la parole ;
- distinguer l'émotionnel du rationnel ;
- se mettre à distance (utilisation de l'État du Moi Adulte lors de situations tendues).

⇨ Réaliser l'entretien de résolution de conflit :

- établir une relation de confiance ;
- conduire l'entretien de manière factuelle ;
- suivi du changement d'attitude.

⇨ Suivre la démarche complète de résolution de conflit :

- poser le contexte ;
- établir le contrat ;
- fixer la finalité de la médiation ;
- établir le diagnostic ;
- prendre en compte l'argumentation d'autrui ;
- réaliser une synthèse du différend à mi-parcours ;
- identifier les différentes étapes bloquantes dans le conflit ;
- rechercher des propositions ;
- rédiger un plan d'action ;
- conclure.

PARTIE 2

Gérer les conflits au sein de l'équipe et entre les groupes

Chapitre 4

Les conflits au sein de l'équipe

« Il n'y a pas de croissance sans conflits, pas de croissance qui ne soit la résolution de ces conflits. »

Selim Abou

Dans ce chapitre nous examinerons les points suivants :

- La gestion des conflits au sein de l'équipe requiert une certaine vigilance, car les difficultés peuvent porter tant sur le manque de structure ou de cadre de fonctionnement peu précis que sur l'ambiance et les relations entre ses membres.
- Les différents outils et méthodes présentés pour gérer au quotidien les conflits dans le management d'équipe sont emprunts d'une volonté de trouver des démarches créatives et supposent que l'autre détient autant de potentiels pour gérer le conflit que nous-mêmes.
- Il s'agit de pouvoir dépasser les blocages personnels et affectifs afin de nous ouvrir aux arguments de l'autre, à sa vision de la situation et à ses possibilités de suggestions et de résolution.

- Dans un conflit, l'opposition doit être relative et ponctuelle, en faisant confiance dans la capacité de résolution de l'autre comme de nous-même, nous élargissons considérablement notre capacité à gérer les conflits ainsi que notre tolérance vis-à-vis d'autrui.
- Bien entendu, plus nous sommes ouverts à l'autre et moins nous avons besoin d'entrer en conflit, ce qui règle *de facto* la fréquence de résolution des conflits.

Nous avons jusqu'ici envisagé les conflits au travers de la relation interpersonnelle, qu'elles qu'en soient les spécificités. À présent, nous allons examiner les conflits qui peuvent avoir lieu au sein d'un groupe et plus tard entre plusieurs groupes.

Le groupe qui a le plus de sens pour le manager est son équipe. Qu'elle soit hiérarchique ou équipe de projet, les modalités de sa constitution, ses besoins comme ses dysfonctionnements répondent aux mêmes logiques et nécessitent quasiment les mêmes règles.

Identifier les causes de conflit au sein d'une équipe

Les conflits dans une équipe peuvent survenir pour de nombreuses raisons, suite à des différends entre individus, incompatibilités de caractère et ceci nous renvoie alors aux précédents chapitres. Cela peut aussi être dû au style de management, à la capacité du leader et aussi à d'autres particularités spécifiques à la situation même de l'équipe.

Une équipe, rappelons-le, est un groupe d'individus qui utilise de manière complémentaire ses compétences et ceci dans la poursuite d'un objectif commun.

Dans ce contexte, il devient impératif de fixer des règles et des normes qui vont lui garantir un mode de fonctionnement satisfaisant.

Si l'une des conditions vient à manquer ou ne répond pas aux besoins de la situation, alors des tensions peuvent se manifester entre les membres de l'équipe.

C'est ainsi que les conflits peuvent intervenir au sein d'une même équipe pour des raisons différentes, que nous pouvons classer en deux grandes catégories :

- Des causes relationnelles ou personnelles :
  - incompatibilité d'humeur ;
  - divergence de points de vue ;
  - objectifs personnels divergents.
- Des causes factuelles :
  - rôles, missions ou tâches pas suffisamment clarifiées,
  - règles du jeu et procédures peu claires ;
  - objectifs flous ;
  - territoires mal définis.

Selon la nature des problèmes, les moyens d'y remédier seront alors différents.

Nous allons examiner quelques éléments majeurs de la mise en place d'un fonctionnement d'équipe satisfaisant concourant à diminuer sérieusement les conflits d'une équipe :

- les règles de fonctionnement ;
- la structure de l'équipe ;
- l'ambiance et les relations au sein de l'équipe ;
- les conditions de l'adhésion de l'équipe à la stratégie du manager.

Prévenir les conflits au sein de l'équipe

Prendre conscience de l'existence d'un conflit

Toutes les méthodes qui vont être présentées par la suite ne sont valables et efficaces que si la personne impliquée dans un conflit est consciente qu'il existe bien un problème, et aussi différentes étapes qui conduisent jusqu'à sa résolution. En effet, il arrive parfois qu'une personne ne parvienne pas à réaliser qu'elle est impliquée dans un conflit ou plus fréquemment elle ne peut pas distinguer d'issues, parfois à portée de main.

Cette sorte d'aveuglement s'appelle une méconnaissance. La personne est tellement impliquée qu'elle n'a pas le recul nécessaire pour prendre conscience de la nature même du problème.

Ainsi, avant d'intervenir dans un conflit, il s'agit de bien repérer où en sont les protagonistes dans les niveaux de méconnaissance. Prenons, pour illustration le cas d'un rapport d'audit à remettre pour un client.

> Charles doit remettre aujourd'hui un dossier à un client important et Pierre se rend bien compte qu'il a été mal travaillé, pas assez peaufiné, des éléments manquent. Si Charles présente les résultats de l'audit de cette manière, il risque de se faire mal voir, de ne pas passer pour le professionnel qu'il pense être, sans compter l'impact négatif pour l'entreprise.
>
> 1er niveau : « *Le déni* », je nie les faits (« Non ! il ne manque pas de pages. »)
>
> 2e niveau : Je reconnais les faits mais *je nie qu'ils posent problème* (« Bon, il manque les annexes… mais personne ne les lit jamais ! »)
>
> 3e niveau : Je reconnais les faits et leurs conséquences *mais je nie l'existence d'une solution possible.* (« De toute façon, c'est chez l'imprimeur : on ne peut plus rien faire ! »)
>
> 4e niveau : Je reconnais les faits, leurs conséquences. J'ai des pistes de solution possible *mais je ne me sens pas concerné dans la mise en œuvre d'une solution.* (« On peut encore faire la modification mais ce n'est pas moi qui ai signé le bon à tirer, donc ce n'est pas à moi d'appeler l'imprimeur ! »)

La résolution de conflit ne peut s'envisager qu'à partir du niveau où la personne reconnaît qu'il y a un problème (oui, il y a bien un problème), ensuite il s'agit de l'amener à vouloir y faire quelque chose (oui, je suis d'accord pour faire quelque chose).

Ces deux accords ou reconnaissance de la réalité sont le minimum requis pour résoudre un conflit.

Il sera alors nécessaire pour le manager d'accompagner son interlocuteur à pouvoir formuler ces deux « oui ». Ce qui peut se faire si le manager suit les quelques principes suivants :

- Laisser s'exprimer le conflit, jusqu'au bout.
- Faire reconnaître à l'autre qu'il existe un conflit = 1er OUI.
- L'autre est-il d'accord pour traiter le problème = 2e OUI.
- Quelles solutions adopter ?
- Mettre en exergue les conséquences positives des choix effectués.

Le plus délicat est d'amener la personne à reconnaître le problème, en effet, pour des raisons qui lui appartiennent, elle s'est justement « protégée » contre l'évidence de celui-ci, donc la forcer à le reconnaître c'est la placer dans une situation difficile et inconfortable. C'est pourquoi il sera nécessaire de réaliser cet accompagnement en douceur, étape par étape, et utiliser absolument une formulation adulte de manière à énoncer des faits. Ceci de manière, à éviter autant que faire se peut, l'expression des résistances et des manifestations affectives visant à nier le problème et à rester dans les mécanismes défensifs.

Définir les règles du jeu avec l'équipe

Il est indispensable que chaque membre de l'équipe sache à quoi s'en tenir dans son unité quant aux finalités, aux valeurs décisives et aux comportements indispensables pour la réussite et l'efficacité de l'ensemble.

Définir les règles du jeu de son unité, c'est donner des *repères*, des *impératifs* et des *priorités*, c'est préciser les *critères* de la réussite individuelle et collective.

Il s'agit également de donner une structure rassurante et sécurisante facilitant l'épanouissement des collaborateurs et leur permettant de déployer leur autonomie, leur potentiel, leur efficacité et leur créativité. Le besoin de structure est différent selon chacun, il peut alors être nécessaire de fixer un cadre général explicitant le mode de fonctionnement de l'équipe, facilitant la cohésion et l'adhésion de ses membres tout en adaptant ensuite, au cas par cas, le degré de flexibilité ou de rigidité nécessaire à chacun. Celle-ci est la clé de la réussite du management de l'équipe.

En sachant doser le besoin de structure pour chacun des membres de l'équipe, l'équilibre de l'ensemble sera préservé et les conflits évités pour une bonne part. En effet, trop de rigidité pour certains pourrait les conduire à réagir et à manifester de la rébellion.

Par ailleurs, des règles du jeu explicites fixent les normes de l'équipe et lui permettent alors de se constituer une identité et un périmètre assez précis qu'elle pourra défendre contre les « intrusions » des autres groupes ou équipes.

Pierre nous raconte l'un de ses premiers souvenirs de manager.

Jeune manager, tout juste sorti de l'école d'ingénieurs, il pense que le meilleur moyen de manager son équipe est de les traiter en copains. En effet, c'est le seul mode de travail qu'il connaît. Mais très vite, il constate des difficultés, certains de ses collaborateurs commencent à lui manquer de respect et à n'en faire qu'à leur tête. Puis, n'ayant fixé aucune règle du jeu précise, il avait surtout expliqué ce qu'il y avait à faire et assez peu comment s'y prendre. Il pense que c'est largement suffisant et que chacun va savoir se comporter de manière autonome. Il sent qu'il y a des tensions entre certaines personnes sans trop bien comprendre ce qui se passe. Il perçoit que le climat se détériore et que l'efficacité est en train d'en pâtir. L'un de ses meilleurs amis, Thierry, est entré dans une société de conseil et Pierre lui demande de l'aide. Il l'oriente vers un confrère plus âgé et plus expérimenté qui vient faire un diagnostic du style de management et du climat d'entreprise.

Les résultats de son enquête mettent en évidence le fait qu'il manque sérieusement de structure, de règles de jeu explicites et écrites auquel chacun pourrait se référer. Ce fonctionnement implicite peut éventuellement convenir à des gens expérimentés mais, de toute manière, risque de renforcer les individualismes et perturber l'esprit d'équipe.

Pierre décide de se faire accompagner quelque temps pour acquérir les réflexes de management et connaître ce domaine qu'il n'avait nullement appris à l'école d'ingénieurs. Lorsqu'il se sent prêt, il organise une réunion d'équipe expliquant à tous les résultats du diagnostic, les modifications qu'il envisage de mener pour lui-même et avec l'équipe. Pour ce faire, il souhaite réaliser un séminaire de *team building* durant lequel chacun aura l'occasion d'exprimer ses satisfactions et ses mécontentements quant au fonctionnement de l'équipe et pourra proposer toutes les suggestions d'amélioration possibles.

L'équipe réagit très positivement à cette réunion, l'un des collaborateurs avoue qu'il était sur le point de quitter l'entreprise car il avait du mal à supporter ce laxisme ambiant.

➤ L'utilité des règles du jeu

Elles précisent les valeurs communes de l'équipe, clarifient les objectifs de l'unité et la situent dans la globalité de l'entreprise. Elles contribuent à développer une meilleure cohésion et augmentent l'implication des collaborateurs en leur précisant le cadre général dans lequel ils peuvent être acteurs. Enfin, elles servent de référence en cas de désaccord ou de conflit.

Cependant pour être efficaces, les règles du jeu doivent répondre aux cinq critères suivants :

- Elles doivent être *applicables* :
Il est important de vérifier qu'elles sont réalistes et applicables à tous.
- Elles doivent être *utiles* :
Il faut que les règles soient une aide pour travailler plus efficacement et pour atteindre les objectifs prévus. Il est préférable qu'elles ne soient pas contradictoires avec les exigences du travail, mais cohérentes et indispensables.
- Elles doivent être *contractuelles* :
Littéralement d'abord, dans la mesure où elles précisent des points non formulés dans le contrat de travail. Dans un sens plus général, ensuite, car elles représentent un engagement réciproque du hiérarchique et du collaborateur pour tout ce qui concerne la vie du travail.
- Elles doivent être *protectrices* :
Elles apportent la dose de sécurité nécessaire à toute action humaine. Elles répondent aux soucis des collaborateurs et facilitent le travail.
- Elles doivent être *souples* :
Cela veut dire que les règles ne font que décrire essentiellement ce qui se passe déjà quand ça marche bien naturellement. Elles sont le reflet de l'adaptation de l'unité aux changements successifs.

➤ Les conditions psychologiques de l'adhésion aux règles de l'équipe

Nous avons pu voir l'utilité de la règle tant pour l'individu que pour l'ensemble de l'équipe. Il est à présent important de prendre conscience qu'il ne suffit pas d'édicter des règles, il est aussi nécessaire d'avoir l'adhésion des membres de l'équipe pour que celles-ci puissent être appliquées.

Pour cela, toute règle qui apparaît difficilement applicable crée chez un individu des phénomènes négatifs qui le perturbent et qui se traduisent par de la passivité, de l'agressivité, de la culpabilité, du mensonge ou de la manipulation, c'est-à-dire une fausse adhésion ou un rejet caractérisé.

Une règle qui apparaît applicable conduit l'individu à développer les efforts en correspondance avec ses possibilités. Il pourra faire preuve de dépassement, entraînant énergie et motivation. *La règle facilitant alors la performance individuelle aura pour conséquence l'adhésion de la personne et celle du groupe.*

À l'inverse, si la règle est trop facilement applicable, elle provoque les mêmes effets qu'une règle trop difficile.

Ce qui est valable pour un individu l'est aussi pour l'ensemble de l'équipe. Ainsi, si une règle est trop difficile à appliquer, elle crée dans l'unité des habitudes de « contournement de la loi » et de « tricherie », accroît l'organisation « informelle » et donne de bonnes raisons de remettre en cause sa légitimité.

Ainsi, chez Tragit, afin de rétablir l'équilibre financier et surtout d'apporter la croissance économique annoncée aux actionnaires, la direction a demandé à ce que des efforts commerciaux soient réalisés et particulièrement dans les six mois à venir. Au début les stratégies commerciales mises en œuvre se sont assez correctement déroulées. Puis les attentats du 11 septembre 2001 et à la suite, la crise traversée par les sociétés d'informatique ont réduit les carnets de commande. Les entreprises reportant leurs grands projets informatiques ou annulant tout bonnement leurs commandes. Il devenait de plus en plus difficile pour les commerciaux d'atteindre leurs objectifs. Comme la direction ne souhaitait pas revoir ses ambitions à la baisse, certains se sont mis alors à « trafiquer » leurs résultats, les bons de commandes et les facturations afin de reporter certains résultats obtenus à la fin de l'été sur l'automne. Les prévisionnels sont ainsi devenus faramineux, comportant les dossiers réellement en cours mais aussi tous les souhaits des clients sans que ces derniers n'aient forcément l'intention de les réaliser.

En janvier, après un examen approfondi des résultats et des comptes, la supercherie a été mise à jour et la direction a décidé de remettre bon ordre dans les pratiques en fixant par une note de service les pratiques acceptables et celles qui ne l'étaient pas, envisageant des sanctions le cas échéant. Pour autant, elle a reconnu aussi son erreur et le fait qu'en ne voulant pas diminuer ses objectifs commerciaux, face à une situation exceptionnelle elle avait créé elle-même des tensions excessives et inutiles au sein de son équipe commerciale. Le risque étant alors la démotivation et les départs de collaborateurs.

➤ Règles du jeu et intégration d'un nouvel arrivant

Les règles du jeu sont une réponse aux questions que se pose tout collaborateur, notamment lors de l'arrivée d'un nouveau venu dans une entreprise. *Ce dernier cherche à savoir comment on travaille, ce qui se fait et ce qui ne se fait pas, quelles sont les habitudes, ce qu'il vaut mieux éviter, ou encore ce qui est de l'ordre de l'implicite ou de l'explicite.* Si le collaborateur ne le demande pas directement à son manager parce qu'il n'en a pas le réflexe ou parce *qu'il ne connaît pas l'importance de ces règles, c'est bien au manager de prendre conscience de la nécessité de transmettre ces informations.*

La plupart des entreprises d'une taille conséquente ont mis en place grâce à leur service des Ressources Humaines et de la Communication, un livret d'accueil et quelques jours de séminaire d'intégration afin de présenter l'entreprise au nouveau venu. Si ces mesures sont appréciables pour autant elles ne suffisent pas. Il existe une foule d'informations liées aux pratiques et aux modes de fonctionnement comme à la culture d'entreprise que seuls le manager et les collègues du nouvel arrivant peuvent lui expliquer.

Si cette responsabilité incombe plutôt au manager, c'est parce que c'est à lui d'intégrer un nouveau venu dans son équipe. Il a manifesté l'intention d'avoir un collaborateur supplémentaire et il est normal qu'il facilite l'accès à l'équipe et à l'entreprise.

Sans compter que ses futurs collègues peuvent voir son arrivée de différentes manières selon les objectifs de chacun, de ce fait, rien ne dit que les informations qui lui seront fournies seront forcément aidantes et fiables.

Il n'est pas rare d'observer des personnes jalouses ou craignant pour leur poste ou leurs prérogatives, peu enclines à aider le nouveau venu, voire cherchant à lui mettre des bâtons dans les roues. Les enjeux de certaines situations professionnelles peuvent modifier les attitudes des personnes et les inciter à jouer leurs intérêts personnels et non ceux de la solidarité de l'équipe.

C'est la raison pour laquelle il est primordial que le manager explique les règles du jeu et de fonctionnement du travail, de l'équipe et celles de l'entreprise.

Pour autant, la dimension structurelle de l'équipe ne suffit pas, un autre aspect est essentiel dans sa constitution, c'est son esprit d'équipe. *En effet, c'est lui qui favorisera un climat serein ou au contraire tendu et propice aux conflits.*

C'est cet aspect que nous allons à présent envisager comme facteur primordial dans la gestion des conflits en équipe.

Gérer les relations au sein de l'équipe

➤ La création de l'identité de l'équipe

Pour qu'une équipe fonctionne, il est fondamental que les relations entre ses membres soient satisfaisantes et c'est au manager de créer les conditions d'échanges qui assureront une ambiance agréable et favoriseront le travail en équipe.

En effet, *un climat favorable au sein d'une équipe permet l'écoute interindividuelle et développe un esprit d'ouverture entre les personnes de la même unité.* De même, le responsable d'équipe doit s'attacher à établir de bonnes relations avec les autres unités, de manière à encourager des initiatives de coopération.

- Les moyens pour y parvenir sont de réaliser, au début de la création d'une équipe de travail (dans le sens hiérarchique ou équipe de projet), un séminaire dit de *team building* ayant pour objectif de développer la cohésion entre les membres du groupe.
  Ce type de manifestation peut, par la suite, se réaliser même si le fonctionnement de l'équipe est bon, par exemple sur la base d'un séminaire par an, afin de se concentrer sur les relations. C'est l'occasion de faire un bilan, de revisiter le fonctionnement de l'équipe dans son ensemble. Ce coaching d'équipe est alors l'occasion de clarifier les règles au sein de l'équipe et il peut également permettre de résoudre un problème.
  Dans le cas d'une urgence majeure, une séance exceptionnelle pourra être organisée. À cette occasion, l'intervention d'un médiateur ou d'un facilitateur sera la bienvenue. Sa neutralité permettra l'expression claire et aboutie des problèmes et il fera évoluer l'équipe vers une résolution de la situation.

- Dans ce même axe de « cohésion » il va aussi être fondamental de créer, au-delà de l'ambiance et des bonnes relations, une âme, une culture propre à cette équipe ou à cette unité, qui vont la rendre spécifique et différente des autres équipes. Cette identité développera le sentiment d'appartenance et encouragera à la fois la cohésion et la performance. Ceci est valable pour une équipe, une unité et surtout pour l'ensemble de l'organisation. Il s'agit essentiellement de fixer les principes et les valeurs permettant de caractériser cette équipe ou cette organisation.
  - Pour y parvenir, nous allons travailler sur la vision, sur les valeurs, sur la mission en utilisant différentes méthodes, telle que le *visionning* (méthode particulière de développement de la vision)[1] ou le récit d'entreprise ou encore toute forme d'expression des représentations et des symboles caractérisant l'identité de l'équipe.
  - Bien entendu, ce travail s'inscrit en cohérence avec l'unité d'appartenance et plus largement avec l'entreprise tout entière, sa stratégie, ses principes et ses valeurs.

➤ La matrice de développement de l'équipe

Ce modèle considère qu'un groupe évolue selon des étapes bien définies à partir de deux variables dépendantes l'une de l'autre, représentée chacune par un axe qui illustre un aspect spécifique du développement de l'équipe. Le premier correspond à l'axe cohésion (évolution des relations) tandis que l'autre décrit les règles de fonctionnement et les procédures et correspond à l'axe de la production de résultat. La conjonction de ces variables caractérise quatre stades de développement caractéristique des groupes.

1. M. Sallé, P.-H. des Mesnards, *Mettre du rêve dans la stratégie*, Éditions Créargie, 2000.

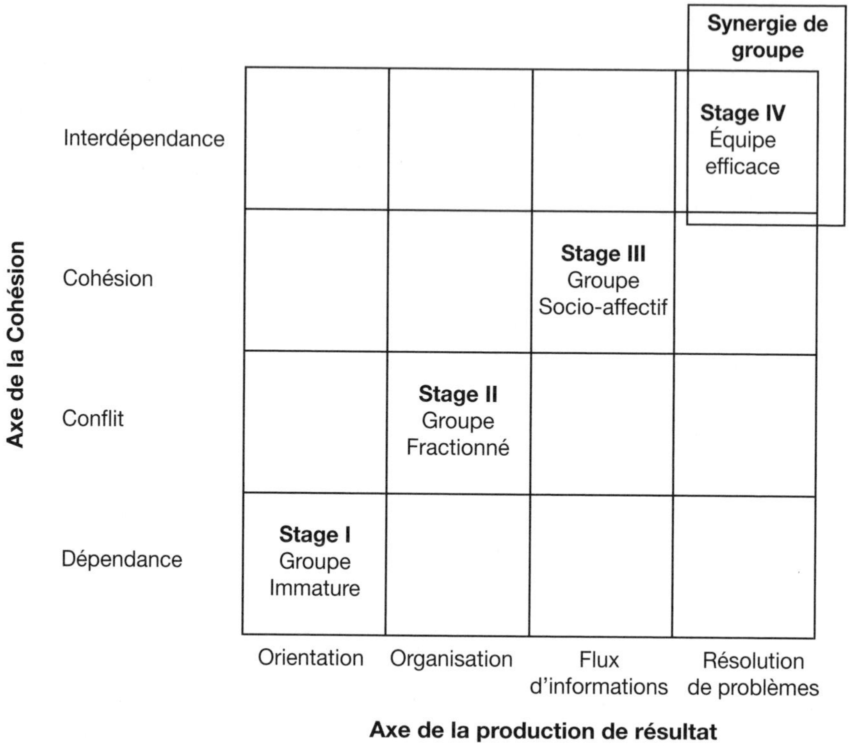

Figure 4.1 – Matrice de développement de l'équipe[1]

À titre d'illustration, voici le cas d'un séminaire de résolution de conflits.

> Nous avions fait le choix de déstructurer volontairement le début de la formation afin de mettre les participants en situation d'inconfort et en demande explicite de règles et de structure.
>
> Nous avions ainsi demandé aux participants en guise de présentation de réaliser leur portrait chinois sans leur avoir donné l'occasion de se présenter ni d'expliquer les objectifs du stage et son déroulement.
>
> Nous avions uniquement mentionné que pour des raisons pédagogiques nous allions réaliser certaines activités immédiatement et que les éléments habituels de démarrage de stage de formation seraient vus ultérieurement. Le choix pédagogique serait également explicité par la suite.

1. Matrice adaptée du modèle de J-E. Jones, *Amsdel of Group Development*, The 1973 Annual Handboock for group facilitators.

> Les participants se plièrent donc au premier exercice sur le portrait chinois, puis nous leur avons alors demandé leur ressenti.
>
> Nous avons obtenu *grosso modo*, trois grandes familles de perceptions. Ceux qui trouvaient la situation originale, inhabituelle et qui étaient très satisfaits, ceux qui étaient franchement mal à l'aise par le manque d'indications précises sur le séminaire et enfin ceux qui étaient dubitatifs mais qui se sentaient plus dans l'expectative que franchement dérangés ou enthousiastes.
>
> La fragmentation de l'information et des règles de fonctionnement avait mis en exergue le besoin de structure (plus ou moins développé pour chacun) au sein de l'équipe.

Ce que le manager va donc viser c'est l'atteinte du dernier stade (équipe efficace) qui correspond à un haut niveau de productivité. Chacun contribue volontiers à faire progresser l'équipe en fournissant les efforts nécessaires. Ils sont confiants dans la réussite de l'équipe, ils se soutiennent mutuellement et le désir d'atteindre l'objectif est plus fort que les réticences et l'insatisfaction.

Ce stade n'est pas une situation figée et définitive. En effet, le groupe peut devenir de plus en plus créatif. Il peut profiter des situations de travail pour innover et pour se professionnaliser en expérimentant de nouvelles façons de faire et ainsi enrichir sa vision des choses, ce qui est une forme de recherche de l'excellence.

➤ Gérer les facteurs de déstabilisation de l'équilibre de l'équipe

Nous attirons votre attention sur le point particulier que rien n'est acquis ni définitivement stable au sein de l'équipe.

Toute modification même mineure de la configuration de l'équipe est facteur de déstabilisation et peut conduire à un repli du groupe à des stades antérieurs de son développement. Elle fera alors preuve de résistance (au changement) et pourra revenir à une situation fragmentée. Les risques de conflits sont alors importants entre ses membres ou vis-à-vis de l'extérieur.

Le manager peut se créer un tableau de bord lui permettant de piloter tous les facteurs de perturbation de l'équipe afin de pouvoir anticiper les régressions à des stades antérieurs et les éventuels conflits.

Tableau 4.1 – Exemple de tableau de bord

Facteurs de perturbation de l'équipe	Intensité/analyse de risques (de 1 à ; 5 étant le plus important)	Conséquence	Action corrective
Personnalité de chaque membre de l'équipe.	Charles (affable, posé, s'emporte peu, exigeant et perfectionniste) : Risque 2.	Peut apporter du soutien aux jeunes recrues par la qualité de son professionnalisme. Risque de trop de perfectionnisme pouvant nuire parfois aux exigences de rapidité.	Soutien ponctuel sur le degré de qualité attendu sur les dossiers.
Élément nouveau dans la vie de l'équipe : nouvelle version des entretiens annuels d'évaluation.	Risque 5. Remise en cause des acquis de primes, revues à la baisse.	Démotivation possible.	Explication en réunion plénière des nouvelles règles du jeu, des conséquences sur la rémunération et du contexte global de l'entreprise expliquant cette prise de décision.
Vous pouvez continuer de compléter à partir de vos propres exemples…			

Les indicateurs de climat social

➤ Synthèse sur les signes avant-coureurs

De manière à piloter plus facilement les évolutions de l'équipe et prévenir les conflits entre ses membres, nous proposons d'examiner un certain nombre de symptômes de malaise au sein de l'équipe, voire de l'organisation. Il est bon de pouvoir les identifier afin de mettre à jour des dysfonctionnements du climat social. Sans pour autant vous transformer en spécialiste des ressources humaines, certains de ces signes sont des indicateurs précis de malaises, de tensions, voire de conflits larvés qui ne parviennent pas à s'exprimer. En les identifiant, vous pouvez contribuer à les résoudre ou à les faire s'exprimer.

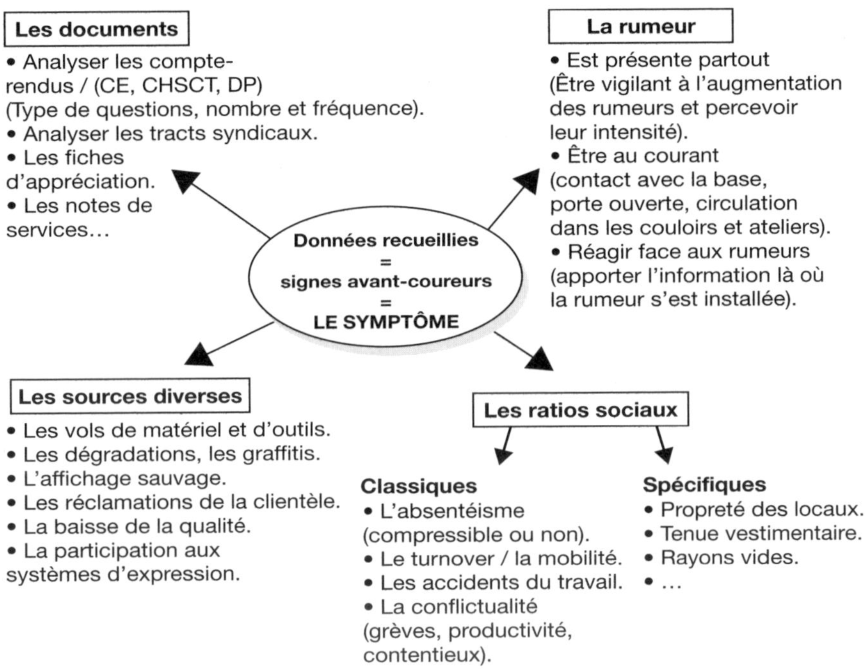

Figure 4.2 – Les indicateurs de climat social

Appliquer la créativité à la gestion de conflits

Faire preuve de créativité

Edward de Bono[1] propose des méthodes très simples de gestion des conflits au quotidien basée sur la créativité. C'est en constatant les limi-

1. E. de Bono, *Conflits Vers la médiation constructive*, InterÉditions, 1988. Nous reprenons à notre compte certains de ses exercices PMI, C&S et les six chapeaux.

tes des représentations de notre culture occidentale et surtout les conséquences nocives de notre pensée cartésienne sur la résolution de conflits que lui est venue l'idée de chercher d'autres pistes que nous allons présenter sommairement. Il nous rappelle ainsi que notre culture base son raisonnement sur les principes de thèse, d'antithèse et de synthèse ce qui rend notre pensée plus à même de créer de la contradiction que des solutions créatives. Pour lui, l'énergie est bloquée dans les joutes oratoires et le besoin de démontrer qui a raison. Ce qui nous prive de la capacité d'envisager des formules d'intégration des contraires permettant de trouver des pistes inédites et de focaliser l'énergie à sortir du conflit.

Donc, il n'est pas question de revoir totalement notre mode de pensée mais davantage de lui faire faire un peu de gymnastique intellectuelle afin d'acquérir d'autres réflexes plus efficaces en situation de conflits. Car « l'énergie créative n'est, hélas, pas utilisée pour développer de meilleures idées. » E. de Bono.

Pierre est sollicité par son assistant Jacques car la situation de l'équipe est en train de se dégrader suite à l'annonce de l'attribution des primes annuelles de résultat. Tout d'un coup, des tensions ont commencé à surgir entre plusieurs collaborateurs. Chacun revendiquant le droit de recevoir la meilleure récompense pour les résultats obtenus et son mérite.

Au départ, il s'agissait d'une simple discussion et très vite le ton est monté, le désaccord a pris des proportions importantes et la situation s'est radicalisée. Jacques en avertit Pierre car il a le sentiment que cette attitude radicale cache peut-être un malaise plus profond qui a trouvé ce moyen pour s'extérioriser. Pierre décide alors de faire une réunion de manière à mettre les choses à plat et de permettre à chacun d'exposer son point de vue sur la situation.

Après avoir rappelé les règles de fonctionnement des échanges au sein de l'équipe ainsi que les objectifs qui les réunissaient ce jour-là, Pierre proposa une méthode de travail créative afin que l'équipe puisse sortir de l'impasse.

Travail individuel

- Dans un premier temps il leur proposa de réaliser individuellement une cartographie du problème en examinant les différents aspects du conflit et en les répertoriant en aspects positifs (Plus), puis négatifs (Moins) pour aboutir à ce qui pourrait être digne d'intérêt (Intéressant). La finalité de cette première étape est de permettre un examen objectif et exhaustif et surtout de dépasser la charge émotionnelle relative à la situation de conflit.

- La deuxième étape consiste dans la recherche de solutions pour chacun de ses aspects précédemment définis, à savoir les aspects négatifs, positifs et intéressants du conflit. Ceci conduit à une certaine production d'informations.
- La troisième phase vise à réaliser des familles de conséquences des suggestions envisagées.
- Ensuite chacun va mettre au mur ses trois panneaux :
  – celui décrivant le problème ;
  – celui listant les différentes solutions ;
  – celui répertoriant les familles de conséquences des solutions.
- Pour y voir plus clair, on peut utiliser *une couleur différente* pour chaque composante du problème (à l'aide de post-it ou de cartons colorés).

Travail d'équipe

Une fois les panneaux installés au mur, afin de faciliter la parole et de dissocier émotions, pensées/opinions et jugements, Pierre va employer la technique des six chapeaux.[1] Chacun, à tour de rôle, prendra la parole et choisira un chapeau pour rendre compte de l'état dans lequel il parle.

La signification des six chapeaux est la suivante :

- *Chapeau blanc* : neutralité, informations, faits, chiffres sans commentaires.
- *Chapeau noir* : logique négative, pourquoi ça ne peut pas marcher, pourquoi on ne peut pas faire ça, pourquoi ça ne cadre pas avec notre expérience.
- *Chapeau jaune* : spéculation positive, ce qui peut marcher, ce qu'on peut espérer, les bénéfices auxquels on peut s'attendre.
- *Chapeau rouge* : émotion pure, sans aucune nécessité de s'expliquer, ou de se justifier, sentiments actuels librement exprimés concernant le sujet.
- *Chapeau vert* : fertilité, créativité, idées nouvelles, suggestions, provocations.
- *Chapeau bleu* : chapeau de contrôleur général, supervise l'utilisation des autres chapeaux, et organise le déroulement de la réflexion.

Mettre sur la tête le chapeau de la couleur correspondant à un état d'esprit particulier permet d'en profiter c'est-à-dire de se focaliser sur le ressenti et de se mettre aussi dans la peau des différents protagonistes d'un conflit. Les

1. E. de Bono, *Six chapeaux pour penser*, InterÉditions, 1987.

chapeaux peuvent être réels ou dessinés sur des cartons. Plus ils sont réels et plus la mise en situation est puissante et efficace.

Une fois cette phase des chapeaux passée souvent la tension propre au conflit s'est estompée suite à la distraction qu'apporte la méthode. Car sur le fond les informations sont bien échangées sérieusement tandis que le côté ludique de la communication facilite la dédramatisation du conflit.

Enfin, une étape d'examen des solutions est envisagée de manière à terminer ce travail d'équipe sur un certain nombre de consensus et d'accords trouvés sur des actions à mener et éventuellement un plan d'actions à respecter.

Méthode de résolution créative de conflit en groupe

Pour clore ce chapitre, nous présentons une manière de conjuguer les différentes méthodes que nous venons d'expliquer au sein d'une démarche globale de résolution de conflit créative expérimentée en séminaire.

Cette méthode peut être utilisée dès l'instant qu'un groupe est constitué, idéalement une dizaine de personnes afin de pouvoir réaliser des sous-groupes.

Phase 1 : Fixation des règles du travail sur la résolution de conflits. Afin de développer le maximum de créativité et d'envisager des solutions ou suggestions riches et inattendues au début, il est impératif de suivre la démarche étape par étape. L'animateur/manager va ainsi présenter les objectifs, les différentes étapes de la méthode et son rôle. Il va obtenir l'accord du groupe sur le mode de fonctionnement (contrat passé avec le groupe) et pourra de ce fait être le garant des règles.

Phase 2 : Présentation du cas par la personne qui est aux prises avec le conflit. Les autres n'interviennent que pour questionner le présentateur sur des aspects qui ne seraient pas suffisamment clairs pour la compréhension. L'animateur/manager est le garant des règles de fonctionnement présentées au groupe et facilite l'avancée du travail, en recadrant si le groupe s'éloigne de l'objectif ou a tendance à aller trop directement aux solutions. Il relance le débat et encourage les questions si vraiment cela n'avance pas.

Phase 3 : Compréhension et analyse du problème. Dans cette phase, le groupe se subdivise en deux sous-groupes (ou plus selon la taille globale du groupe). Chacun va appliquer la méthode de résolution de conflits. L'intérêt des sous-groupes est que les orientations peuvent être différentes pour chacun ce qui permettra d'avoir une appréhension plus riche de la situation conflictuelle. Tout au long de la démarche, cette différence sera entretenue afin d'augmenter la créativité de la recherche de solutions. Le principe repose sur un questionnement fourni de manière à pouvoir enrichir les méthodes d'analyse de la situation et d'élaborer des cartographies du conflit/problème de la manière la plus exhaustive possible.

L'exigence de cette étape est d'éviter absolument de rechercher des solutions. L'animateur/manager est d'ailleurs là pour garantir le processus et chaque sous-groupe pourra élire un facilitateur interne garant des règles de fonctionnement et de l'avancée de la réflexion du groupe.

Une fois la phase de brainstorming terminée afin d'envisager la pluralité des pistes de compréhension de la situation conflictuelle, chaque sous-groupe va structurer l'information de manière à pouvoir la présenter à l'autre sous-groupe.

Phase 4 : Mise en commun. Cette étape débute par une présentation qui organise la production du groupe, information qui sera fort utile pour la personne qui a présenté le conflit. Elle pourra entendre plusieurs lectures de la situation et s'enrichir de différents points de vue.

À l'issue de ces deux (ou plus) présentations, une discussion sera possible si elle s'avère nécessaire. En effet, l'objectif de ce travail n'est pas de parvenir à une synthèse des travaux d'analyse des causes du conflit mais uniquement de s'informer de ce qui se fait en parallèle.

Phase 5 : Recherche créative de solutions. Chaque sous-groupe reprend sa configuration initiale et va, à présent, travailler sur la recherche de solutions et suggestions. Pour ce faire, la méthode d'investigation est très similaire à la phase 3, c'est-à-dire que seront mêlés tant une partie de questionnement que le foisonnement de la créativité par l'intermédiaire du brainstorming pour aboutir à structurer les pistes trouvées. Ensuite, il s'agira d'apprécier chaque solution en leur appliquant la méthode d'analyse des conséquences et des impacts. Ceci facilitant ensuite l'argumentation pour expliquer le choix des préconisations finalement retenues. Bien entendu, selon la nature du conflit, tous les éléments évoqués dans l'ouvrage pourront être envisagés, tant les éléments relationnels et comportementaux, que structuraux ou organisationnels.

Phase 6 : Simulations. Durant cette étape, il s'agit de simuler la mise en place de la solution, surtout s'il s'agit d'un entretien. En tout état de cause tout ce qui pourra se jouer cherchera à être mis en scène ou expérimenter devant le groupe.

À cette occasion, une proposition est faite qui consiste à se mettre dans la peau de son interlocuteur de manière à expérimenter la place de l'autre (dans son argumentation, son point de vue, son attitude défensive ou agressive, son comportement, etc.) L'exercice est très fructueux et permet à la personne qui a apporté le cas de mieux comprendre son « adversaire ». Elle peut alors tenter de trouver une solution plus positive et permettant aux deux parties de gagner réellement. C'est à ce stade que vous pouvez vous aider des six chapeaux afin de faciliter la séparation de chacun des rôles.

Phase 7 : Conclusion. Cette étape consiste dans la mise en commun des différentes solutions proposées durant laquelle chaque sous-groupe va expliquer et argumenter son choix. Finalement la personne ayant amené la situation conflictuelle apportera sa conclusion. Soit que l'une des solutions évoquées lui convienne, soit qu'elle ait besoin de davantage de temps pour réfléchir au choix qui lui semblera le plus judicieux.

D'ordinaire, les personnes choisissent de réfléchir et prennent leur décision plus tard, à froid.

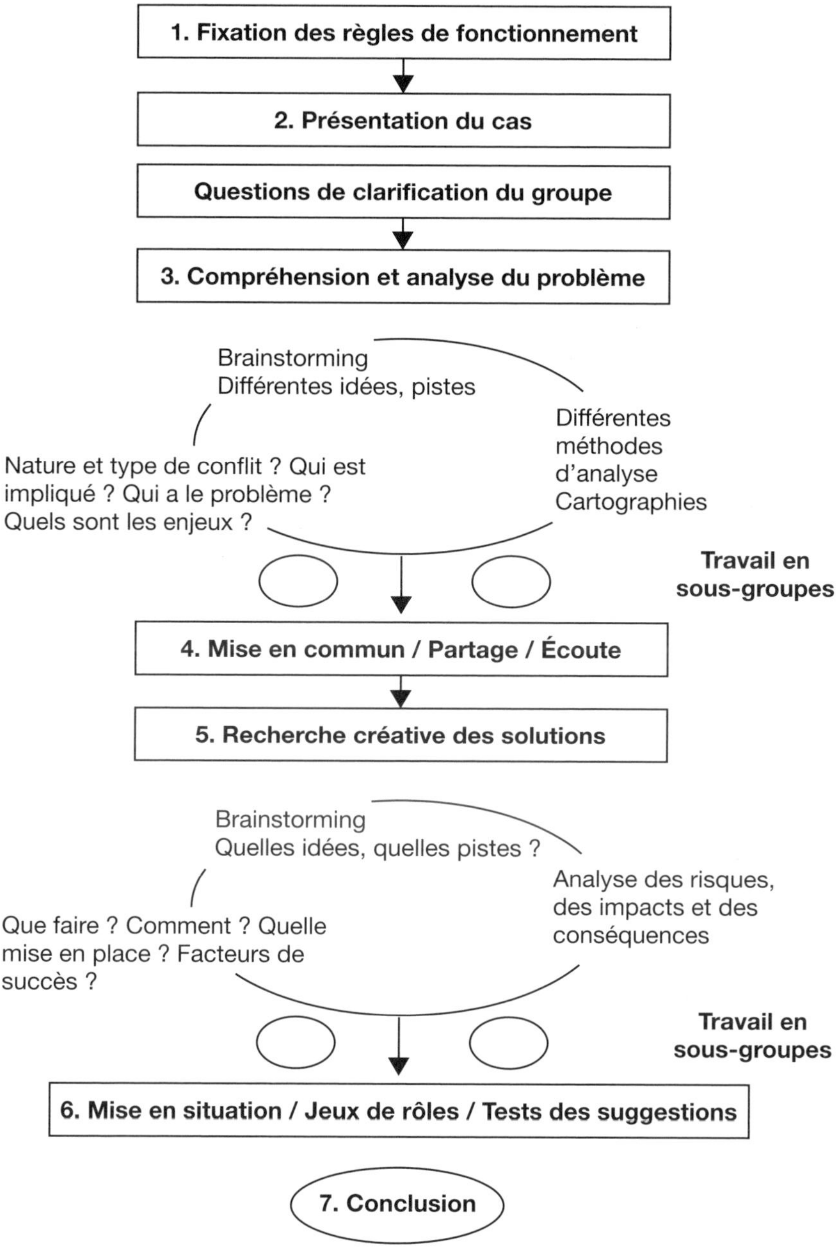

Figure 4.3 – Déroulé des sept étapes de la méthode de résolution créative de conflit

CHECK-LIST : RÉSOLUTION D'UN CONFLIT AU SEIN D'UNE ÉQUIPE

Sur quoi mettre l'accent dans le cas d'un conflit intragroupe :

- ⇨ Identification des motivations des individus.
- ⇨ Utiliser les entretiens formels et informels pour mesurer le climat et l'ambiance au sein de l'équipe.
- ⇨ Apprécier la présence et la régularité de contact avec chacun des membres de l'équipe.
- ⇨ Identifier si chacun se sent intégré ou non à l'équipe.
- ⇨ Décider d'une stratégie et d'une tactique au cas où une ou plusieurs personnes se mettraient à l'écart du groupe.
- ⇨ Identifier les alliances et les associations.
- ⇨ Clarifier les modes de fonctionnement et les règles du jeu au sein de l'équipe, préciser ce qui se fait et ce qui ne fait pas (rendre les us et coutumes explicites), diminuer les zones de flou (dans les manières de fonctionner, comme des compétences ou des systèmes d'évolution au sein de l'entreprise).
- ⇨ Établir un contrat avec ses collaborateurs (principalement ceci fait l'objet de l'entretien annuel où l'on fixe les objectifs, les résultats et les axes de progrès, les ressources et les délais).

CHAPITRE 5

Les conflits intergroupes : compétition ou émulation ?

« Les individus et les groupes organisés sont des agents rationnels qui sont à la poursuite de la maximisation de leurs bénéfices et de la minimisation de leurs coûts.[1] »

Muzar Sherif

Dans ce chapitre nous examinerons les points suivants :

- Les conflits intergroupes ont pour particularité d'accentuer la cohésion interne de chacun des deux groupes.
- Ceux-ci face à une situation de partage d'objectifs ou de ressources se perçoivent immédiatement en compétition.
- La compétition peut être un levier dynamique si elle est en fait de l'émulation.
- Un des moyens les plus efficaces de sortir d'une situation de conflit intergroupe est la mise en place de buts supragroupes.

1. M. Sherif, *Group conflict and cooperation,* Routledge & Keagan, 1966, cité par A. E. Azzi, O. Klein, *Psychologie sociale et relations intergroupes,* Dunod, 1998.

- Enfin, la mise en place d'une culture tierce est aussi le meilleur moyen pour dépasser des positions radicales entre deux groupes, voire deux cultures d'entreprise, comme par exemple dans le cas de rachat et de fusion. Le fait de créer une identité nouvelle va permettre aux cultures existantes d'évoluer et de trouver de nouveaux investissements cognitifs et affectifs dans cette nouvelle culture, vécue, en quelque sorte comme un nouveau projet.

Quelles sont les spécificités du conflit intergroupe ?

Le conflit intergroupe consiste dans l'opposition qui existe entre deux groupes distincts. La dynamique du conflit est la même quelle que soit la nature des protagonistes, mais le fait que ce soit entre deux groupes (au moins) revêt certaines particularités.

Pour les comprendre, les théories de la psychologie sociale, celle-ci étudiant les petits groupes et toutes les modalités de leurs interactions.

Les composantes de l'identité d'un groupe

Une des premières composantes observable d'un groupe est son identité, ce qui le caractérise et le distingue des autres. Pour qu'un groupe reste ensemble et devienne solidaire, il a besoin d'une raison d'être. Dans le cas d'une association, ses membres s'affilient car ils partagent des valeurs véhiculées en son sein. Un groupe va se réunir autour d'objectifs communs et souvent d'une ou plusieurs activités à réaliser. La plupart du temps un leader va faire fonctionner ce groupe, selon qu'il a une autorité naturelle et/ou formelle. La nature des conflits portera alors sur le leadership. Pour ceux qui ont un caractère fort et des projets en tête, ils vont chercher à prendre le contrôle du groupe, soit pour assouvir un fort besoin de domination soit pour mettre en place leurs propres projets. Le leadership est donc la composante majeure sur laquelle porte la confrontation au sein d'un même groupe, comme entre plusieurs groupes. Comme nous l'avons vu au début de l'ouvrage dans le chapitre sur l'agressivité, c'est le contrôle des ressources et du leadership qui conduisent les dominants à s'affronter. Dans le cas du groupe humain, on peut ajouter le besoin de reconnaissance sociale, moteur essentiel de la motivation et de la plupart des comportements.

La raison d'être, les objectifs et le leader vont être les ingrédients de base à la constitution de valeurs spécifiques au groupe constituant alors son identité. Celle-ci va se renforcer par des signes spécifiques de reconnaissance : le nom que le groupe va choisir pour se représenter, éventuellement le lieu de réunion, la fréquence des rencontres mais surtout les modalités de son fonctionnement. Nous ne revenons pas sur ce point, largement détaillé dans les règles du jeu d'une équipe.

De la norme à la déviance

Cet ensemble d'éléments va permettre de définir (la plupart du temps de manière informelle) des normes propres au groupe, correspondant à ce qui est usuel, ce qu'il est « normal » de faire, définissant ce qui est admis et ce qui est interdit. Cette question des normes va permettre de déterminer très rapidement pour les membres du groupe qui est dans la norme et qui s'en écarte.

Cette dernière attitude est appelée déviance et n'est guère tolérée dans le groupe car elle met en danger son identité et sa cohérence. Alors face à un comportement franchement différent, le groupe va chercher à « ramener » le déviant au sein du groupe.

L'une des raisons majeures conduisant à dévier de la norme du groupe tient à ce que l'un des membres du groupe s'oppose au leader en titre, crée ou non sa minorité, et qu'il cherche à prendre le pouvoir. S'il n'y parvient pas, il devient une menace pour le groupe, il est alors considéré comme déviant et la plupart du temps sort du groupe pour en créer un concurrent. C'est ce que nous voyons très fréquemment en politique et qui explique l'essaimage des partis politiques, moins liés à des idées politiques radicalement différentes qu'à des besoins de trouver sa place, d'obtenir de la reconnaissance et de compétition avec le leader historique.

Le leader déviant peut tout à fait constituer une minorité qui va chercher à agir au sein du groupe, tant qu'elle ne s'éloigne pas trop de sa norme. Cette minorité peut jouer le rôle de mouche du coche qui stimulera le groupe entier dans ses recherches de solutions, dans ses réflexions et argumentations en apportant le degré de contradiction nécessaire à la dynamique du groupe.

L'influence des minorités

Au travers de l'expérience suivante, nous allons voir comment une minorité peut agir sur une majorité et comment cette dernière va chercher à réduire les tensions internes entre ses membres[1].

> Il s'agit d'une expérience de laboratoire. Dans un groupe, des diapositives sont présentées. La perception de la majorité est de voir une diapositive bleue, et une minorité affirme de manière péremptoire qu'ils voient une diapositive verte. Alors le jugement de la majorité est remis en question, d'autant que celui de la minorité est sans équivoque.

Ceci amène le groupe à connaître un conflit cognitif. La menace de perte d'homéostasie au sein du groupe du fait de la divergence de point de vue va le conduire à rechercher l'harmonie. Ainsi, les points de vue différents, bien que majoritaires, vont se rallier à l'expression la plus convaincante (celle de la minorité en l'occurrence), de manière à éviter de s'écarter de la norme et de risquer le rejet du groupe. *La priorité est mise sur le consensus que le groupe peut trouver, de manière à restaurer son équilibre interne,* et qui prévaut sur la véracité de sa décision ou des termes de son accord.

Le groupe préférera camper sur ses positions plutôt que de risquer la désagrégation. Ceci est très important à prendre en considération pour le manager car cela veut dire que si son équipe se sent menacée par un quelconque déséquilibre, elle peut privilégier la cohérence interne au détriment de l'objectivité de ce qu'elle a à faire ou à produire.

Dans la dynamique de l'influence sociale, rares sont les points de vue d'individus qui se radicalisent au point de s'opposer totalement. « Dans la plupart des cas, chaque interlocuteur se sentira obligé de réduire ou même d'éliminer la divergence au prix de quelques concessions. Dans la mesure où les processus d'influence sociale ont lieu dans le cadre d'une interaction où chaque membre du groupe a de bonnes raisons de réduire ou de résoudre le conflit ou le désaccord, ils sembleraient s'apparenter étroitement à des processus de négociation. »[2]

---

1. M. Doms, S. Moscovici, « Innovation et influence des minorités », in *Psychologie sociale,* S. Moscovici, Puf, 2000.
2. M. Doms, S. Moscovici, Ibid.

Ainsi, lorsque deux équipes s'affrontent ce sont donc deux groupes avec une identité particulière, des normes spécifiques, un fonctionnement spécifique qui s'opposent. Tant que ces deux groupes ne sont pas en interaction ou n'ont pas d'enjeu commun, il n'y a pas de problème. Là où les choses se gâtent c'est lorsqu'il s'agit de poursuivre le même lièvre.

Les causes des conflits intergroupes

C'est pourquoi nous pouvons lister certaines causes des conflits intergroupes qui s'articulent autour des thèmes suivants :

- *Les buts* : lorsque les buts sont identiques à deux groupes distincts ou lorsque les buts de deux ou plusieurs groupes sont perçus comme inaccessibles ou incompatibles, il y a possibilité de conflit ou encore de mauvaise coordination entre les équipes de travail.
- *L'incertitude* : signifie essentiellement la difficulté à prédire le comportement de l'autre groupe, ce qui confère à ce dernier un certain pouvoir. Ce peut être le cas notamment d'une négociation. L'incertitude peut se manifester quand un groupe ne comprend pas de quelle façon les composantes de son environnement peuvent changer.

> L'incertitude pour la direction peut résider dans le fait qu'elle ne sait pas si les syndicats vont décider d'une grève ou non. Cela peut aussi être le cas face à un concurrent dont on ignore la réaction qu'il aura, face à une déréglementation ou à la privatisation du marché. Cela peut aussi être l'ignorance des modalités d'une réorganisation ou les conséquences d'une fusion sur l'activité en général et le maintien des postes en particulier.

Un autre facteur d'incertitude et donc d'inquiétude est le manque de visibilité et de connaissances pour établir des liens de causes à effets, notamment dans les prévisions d'évolution du marché et de la concurrence. Cela peut aussi affecter certaines décisions dont on risque d'ignorer les conséquences. Le groupe qui saura, par l'interprétation de certains signes, anticiper les situations aura de fait un pouvoir énorme sur les autres groupes qui dépendent de lui.

C'est à la fois l'incertitude qui peut être source de conflit comme l'inégalité des rapports de pouvoir qui peuvent en découler et qui placent des groupes en situation de tension. Surtout si cette inégalité est mal perçue de par les traitements inéquitables des personnes et des groupes.

- *La capacité de substitution* : c'est l'aptitude qu'a un groupe à obtenir des produits et services d'une autre source, en substitution à la source initiale et habituelle. C'est la rareté des produits ou services détenus par le groupe qui fera son pouvoir et pourra être source de tensions pour les autres groupes.
- *La relation avec la tâche* : c'est dans le cas d'une interdépendance de groupes par rapport à une tâche donnée que peut se manifester (ou non) la collaboration, l'intégration et la prise de décisions mutuelles, afin d'atteindre l'objectif visé en commun. Il est alors nécessaire de maintenir une certaine marge de manœuvre pour chacun des groupes et que chacun puisse influencer les autres pour que la coopération fonctionne et se maintienne.
- *La résolution de problème* : il s'agit de la divergence entre deux ou plusieurs groupes à propos d'un problème à résoudre. Dans toute situation de groupe, dès lors qu'un thème est débattu, différents points de vue peuvent être émis qui peuvent conduire à des divergences. Alors le groupe devient un lieu privilégié d'expressions d'une pluralité d'opinions et d'arguments mais ces échanges de points de vue peuvent engendrer des conflits socio-cognitifs. Ce problème est accru dès l'instant que plusieurs groupes sont en jeu. Un conflit socio-cognitif peut engendrer un conflit interpersonnel, intergroupe ou social.

> Un manager qui souhaite retarder le démarrage d'un projet informatique pour des raisons de qualité ou de conformité à une nouvelle norme de logiciels peut se trouver en conflit par rapport à un comité de pilotage qui souhaite débuter le projet immédiatement. Car le conseil de surveillance de l'entreprise vient d'en donner l'aval et a débloqué les fonds nécessaires qui pourraient être remis en cause si le projet ne démarrait pas sans délais. Le manager peut se trouver alors dans une situation de conflit cognitif, dès l'instant que son point de vue et celui du comité de pilotage sont en désaccord. Et il peut aussi se retrouver dans une situation de conflit social s'il s'oppose à l'ensemble du groupe.

- *Le partage des ressources* : c'est la poursuite et la réalisation d'objectifs différents mais nécessitant les mêmes ressources matérielles, financières et humaines qui placent les groupes dans des situations de compétition. L'accès différencié aux mêmes ressources accentue la rivalité entre les groupes et augmente les tensions. En effet, plus un groupe dispose de certaines ressources et moins les autres en ont à disposition.
- *Les attitudes* : représentent les sentiments et les pensées que les membres de deux ou plusieurs groupes ont, les uns vis-à-vis des autres. La nature des relations déterminera le caractère de compétition, de conflit ou de coopération entre les groupes. Les attitudes des groupes sont soumises à la fois à l'influence du manager comme à la responsabilité du groupe lui-même.

Le conflit provient de la poursuite d'un même objectif pour deux groupes

À titre d'illustration nous allons reprendre ici la célèbre expérience de Sherif qui en cherchant à étudier les conflits intergroupes et surtout les modalités de leur résolution a réalisé une expérience que l'on peut retrouver très facilement dans la réalité des entreprises.

Sherif (1961) est le premier à avoir fait une étude systématique des conflits intergroupes. *Pour lui ceux-ci sont dus au fait de poursuivre des objectifs identiques tout en sachant que seul l'un des groupes pourra les atteindre.*

Au cours d'une expérience (les bouledogues et les diables rouges), [1] il a démontré que pour transformer la compétition en hostilité, il suffit de rendre le but désiré par les deux groupes accessible seulement à l'un d'eux. *Pour réconcilier les deux groupes, la stratégie la plus efficace est celle qui consiste à offrir des buts « supragroupes », c'est-à-dire des buts désirés par les deux groupes mais inaccessibles sans une coopération.* C'est alors l'interdépendance qui permet de dépasser les clivages.

1. L'expérience est décrite dans l'annexe 4.

L'application managériale de l'expérience de Sherif

➤ Les effets de la compétition au sein de chaque groupe

En situation de compétition, la cohésion de chaque groupe augmente et les membres développent une plus grande loyauté. La nature des relations passe d'informelle et conviviale à plus centrée sur la tâche et l'objectif à atteindre. Les leaders développent des comportements d'autocratie et le groupe choisit un leadership directif car il veut gagner. Chaque groupe se structure et s'organise davantage. D'ailleurs dans l'expérience de Shérif, il est tout particulièrement intéressant de noter que les leaders changent lorsque le conflit intergroupes s'intensifie. Les premiers leaders « valables » en tant de paix n'ont pas le charisme et l'autorité nécessaires pour faire face à ce stade d'agressivité. Ce point nous semble tout particulièrement digne d'intérêt, les entreprises changent de leader (patron) dans les phases cruciales de leur évolution[1] : croissance, récession, stabilisation, etc. Toutefois, au sein d'une entreprise, il n'est pas toujours possible de changer chaque manager. Car si chaque réorganisation implique un changement de dirigeant, les managers, les chefs de projet et les encadrants de proximité, eux, se maintiennent et doivent gérer les évolutions. C'est pourquoi nous avons étudié les différentes formes de réactions à l'agressivité (avec l'autodiagnostic du chapitre 2) et mis l'accent sur les ressources internes du manager à s'adapter aux situations et aux personnes.[2] Ce sera à lui de déplacer le curseur de son adaptabilité managériale en fonction du degré d'autonomie de ses collaborateurs comme en fonction des situations de l'entreprise.

➤ Les effets entre les groupes

La considération intergroupe change. L'autre groupe est perçu de plus en plus comme un ennemi. De ce fait la perception interne de chaque groupe se trouve biaisée, chacun a tendance à valoriser ses forces et à

1. Sur la question du leadership voir également Kurt Lewin et ses travaux sur la dynamique des groupes restreints.
2. D'où l'importance du leadership situationnel qui donne les clés de l'adaptation à l'autonomie des membres de groupe et qui permet au manager de développer sa flexibilité managériale.

occulter ses points faibles. Et bien entendu, à l'inverse, ne seront vues chez l'autre groupe que les faiblesses. Enfin, chaque groupe adopte des stéréotypes dénégatoires à l'égard de l'autre.

On voit tout de suite les risques que chaque équipe prend dans ce type de perception rigide de l'adversaire. Certains échecs commerciaux sont davantage compréhensibles car si le concurrent est perçu comme un ennemi, ses ressources seront minimisées et les stratégies qu'il pourra déployer seront alors soit ignorées, soit méconnues.

Bien entendu, comme nous l'avons vu dans le descriptif de l'expérience, plus l'autre groupe apparaît comme antipathique et concurrent et plus *l'a priori* est négatif, ce faisant, les interrelations et communications diminuent sérieusement, encourageant les stéréotypes et les opinions négatives. À un certain degré d'hostilité, l'information apportée sera reçue de manière biaisée, quel que soit son degré d'importance.

Dans les cas de communication ou d'interactions forcées, l'écoute allouée au représentant de son propre groupe sera nettement supérieure (en qualité et en quantité d'informations) que pour le représentant du groupe adverse. Ainsi, selon la sélectivité de leur écoute, chaque groupe va renforcer ses stéréotypes vis-à-vis des autres groupes.

➤ Les avantages et les inconvénients de la compétition intergroupes

Si l'on peut constater une augmentation de l'efficacité du groupe en situation de conflit, des tensions répétées peuvent conduire à des dysfonctionnements au sein de l'organisation, par exemple en créant, non de l'émulation mais de la compétition entre équipes et services. Ce qui pourra évoluer vers des conflits et des radicalisations de position empêchant la coopération nécessaire au sein d'une entreprise, comme par extension, dans toute société.

Il est alors nécessaire dans une organisation ou dans un département spécifique d'envisager et de mesurer le poids des avantages et des inconvénients de chaque configuration. Est-il plus intéressant de renforcer l'efficacité et la loyauté de certains groupes au risque de mettre en danger la coordination de l'ensemble des services ? On peut considérer que cette option peut être retenue en cas d'exception.

Comme par exemple, sous la pression du marché ou de la concurrence, il devient impératif que l'équipe R&D trouve la dernière génération de système de communication pour un portable (GSM) sinon l'entreprise risque de perdre des parts de marché et l'issue à terme pourrait être fatale pour l'ensemble de l'entreprise. La prise en compte de l'équilibre social et du confort psychologique des salariés devenant alors secondaire.

➤ En résumé sur cette expérience

- Les conflits intergroupes mettent en exergue ce que nous avons vu dans le cadre des conflits interculturels, à savoir *l'intolérance vis-à-vis d'autrui.* Tout ce qui est différent du groupe incite à recourir aux stéréotypes, à en abuser, radicalisant par-là même les relations et surtout caricaturant l'autre groupe en empêchant alors toute communication fructueuse.
- Ainsi dans une situation bloquée entre deux groupes, *est-il tout à fait nécessaire de pouvoir baisser le niveau d'affectivité et de remettre un peu d'objectivité dans la discussion.* Les cartographies de Bono peuvent être d'une aide appréciable. Il sera alors plus facile de travailler sur les cadres de références respectifs de chaque groupe et d'insister davantage sur les similitudes que sur les différences afin de *forger un terreau de représentations positives sur chaque groupe « adverse ».*[1]

Par ailleurs, l'expérience de Shérif met l'accent sur le manque d'objectivité quant aux compétences et potentiels de son propre groupe et ce risque de surestimation peut conduire à une baisse réelle et significative de la performance. *La recherche d'objectivité dans les conflits a bien évidemment comme première finalité de sortir du conflit lui-même et aussi d'éviter des déboires lorsque celui-ci sera terminé et que la réalité des résultats opérationnels fera état de la performance de l'équipe. Car pour affronter l'adversaire la surestimation de ses propres forces peut conduire à l'échec.*

➤ La mise en place de buts supragroupes

Les conclusions de l'expérience de Sherif conduisent à la mise en place de buts supragroupes pour dépasser les conflits intergroupes.

1. Ceci reprend aussi la logique de la stratégie des alliés que nous examinerons au chapitre 9, mettant l'énergie sur les alliés plutôt que sur les opposants.

Plusieurs stratégies peuvent être mises en place telles que :

- *La diffusion d'information positive concerne chaque groupe.* Chacun obtient de l'information sur l'autre groupe et elle est positive. Le problème issu de cette tactique est le biais cognitif issu de la charge affective négative que chaque groupe a placé dans tout type d'information qui peut lui parvenir de « l'adversaire ». L'information, si elle n'est pas déformée, risque de ne pas être prise en totalité, chaque groupe cherchant à renforcer ses croyances négatives et hostiles vis-à-vis de l'autre groupe.
- *La transmission des valeurs (morales) de réconciliation*, de coopération, d'entente mutuelle, etc. Ce qui est alors observé, c'est que le discours ne modifie en rien les attitudes et les comportements. Ce point est d'autant plus important que de nombreuses entreprises utilisent ce type de technique, comme moyen de favoriser le changement ou de dépasser résistances et tensions.
- *La réunion des leaders pour leur permettre de discuter et de se mettre d'accord.* Là, le risque mis en lumière par Sherif c'est que les décisions ne seront pas librement discutées et prises, dans la mesure où elles pouvaient aller à l'encontre des normes du groupe. Ce sont alors toutes les problématiques de rejet du groupe et de déviance qui pourraient apparaître ou encore de légitimité du rôle de leader qui peuvent empêcher l'efficacité du dialogue.
- *L'ennemi commun.* La recherche d'un ennemi commun est très risquée dans un contexte social fermé comme celui de l'entreprise. En effet, cela pourrait induire davantage d'hostilité et d'agressivité et la politique du bouc émissaire va à l'encontre d'une dynamique positive d'une organisation.
- La stratégie la plus efficace est celle des *buts supragroupes.* Elle permet la réconciliation des adversaires et l'établissement de nouveaux liens d'amitié entre membres des groupes opposés. *Le principe est de fixer des buts à deux ou plusieurs groupes qui ne peuvent être atteints qu'avec la collaboration de tous les membres de tous les groupes.* Néanmoins, cette méthode n'est pas pour autant un remède miracle et Gruère et Jabes (1982) nous mettent en garde contre certaines pratiques qui pourraient avoir des effets inverses. Par exemple, ce ne sont ni les encouragements verbaux, ni les tentatives manipulatrices de consensus qui seront efficaces. D'autant que si une manipulation est perçue

par les membres du groupe, alors leurs positions hostiles initiales risquent de se radicaliser davantage. *La notion de but supragroupe implique une réelle interdépendance des acteurs et des différents groupes en conflit et la coopération n'aura lieu qu'au travers d'actes précis et concrets et non par le ralliement à des notions abstraites telles que « la coopération est bonne pour la synergie des groupes ».*

➤ Les limites de l'option des buts supragroupes

Certaines pistes sont intéressantes, toutefois la situation de « laboratoire » ne rend pas totalement compte de la complexité même de l'organisation et de son environnement. En conséquence certains points de vigilance peuvent être identifiés :

- Utiliser la compétition sportive pour illustrer la gestion des conflits n'est pas adapté puisqu'il ne peut y avoir qu'un gagnant et donc un perdant à l'issue de la rencontre. Par extension, tout ce qui touche au sport peut être éclairant pour le champ managérial, notamment dans le domaine du coaching, toutefois des différences significatives existent et il est important de ne pas chercher à tout transférer tel quel.
- Ensuite, dans le cas de conflits entre groupes réels, le compromis est une réalité pour amener la résolution des conflits et la notion de gagnant ou perdant n'est pas toujours d'actualité.
- De plus, un point important est que ce sont *les groupes qui définissent eux-mêmes* leurs intérêts et interprètent leurs relations. De ce fait, l'accord sur des objectifs collectifs ou supragroupes n'est absolument pas garanti.
- Autre point, si le ou les buts supragroupes peuvent mobiliser pour un temps l'ensemble d'une société ayant des divergences profondes et apporter une impression de solidarité ou de coopération, cette dernière ne sera réellement effective et dans le long terme que si ces buts s'accordent avec la nature des causes du conflit initial. Si, elles ne sont pas traitées, l'effet des buts supragroupes sera éphémère.
- Enfin, dernier argument, l'accent est mis sur l'illusion de croire que les objectifs de groupe prévalent sur les objectifs individuels. Les membres d'un groupe ont tout autant d'objectifs individuels que d'objectifs collectifs et si ceux-là sont trop différents, voire divergents les uns des autres, alors les objectifs de groupe ou supragroupes ne seront pas suivis.

L'attitude gagnant-gagnant pour sortir des conflits est fréquemment conseillée, toutefois, elle n'est pas naturelle car la « nature » humaine est plus encline à adopter *des comportements de compétition que de coopération.* Par ailleurs, il existe beaucoup de *plaisir* dans une négociation à chercher à piéger l'autre et à utiliser le bluff afin de le déstabiliser. Le rapport de force et le conflit apportent davantage de plaisir que de prendre la décision de gagner ensemble, perçue comme trop rationnelle. De fait, *les émotions sont plus fortes lorsqu'il y a abus de confiance.*

C'est pourquoi, le manager aura alors à cœur *de prendre en considération les enjeux affectifs qui vont amener les personnes à préférer les jeux psychologiques à une relation authentique. La conséquence sera alors de privilégier, en situation de négociation, le respect des positions de chacun dans la perspective d'une recherche commune de solutions apportant satisfaction aux deux parties.*

Les différentes formes d'intervention extérieure

Parvenir à dépasser les conflits intergroupes nécessite une intervention extérieure. Elle peut prendre la forme d'une négociation ou d'une médiation. Elle consiste dans l'intervention d'un tiers qui a pour objectif de faire cesser la tension entre les deux parties, ceci en utilisant sa posture de neutralité.

La négociation intergroupes

Lorsque des négociateurs entrent en contact, il s'agit bien d'individus interagissant comme représentants de deux groupes. Partant des caractéristiques des négociations interindividuelles, il s'agit d'apprécier les particularités des négociations collectives. Ce que l'on peut observer tout d'abord, c'est la polarisation des prises de position. En effet, *lorsque plusieurs individus ont à définir ensemble une position par rapport à un autre groupe, celle-ci devient plus nette et plus extrême que lorsqu'un individu doit se prononcer tout seul dans une situation semblable.* Ainsi lors de négociation collective, les positions des négociateurs issus de groupe sont bien plus opposées que celles de négociateurs individuels.

Les négociations collectives sont bien plus difficiles que celles menées en face à face entre deux individus. Les compromis sont plus difficiles à obtenir, les positions sont plus campées et la discussion peut devenir plus dure lorsqu'elle est collective, car il y a moins de risques d'offenses personnelles à l'encontre de l'autre parti.

Un autre facteur rendant difficile les négociations est le statut des négociateurs, en effet un statut subalterne pour l'un des négociateurs rend le compromis difficile car celui-là va avoir peu de marge de manœuvre vis-à-vis des positions de l'autre groupe et pourra carrément, selon les cultures, ne pas être suffisamment considéré pour que la discussion aboutisse ou puisse simplement avoir lieu.

> La plupart des grandes entreprises industrielles commerçant à l'étranger connaissent bien la situation, notamment pour avoir essuyé des plâtres commerciaux mémorables. Donc, soit les enjeux de la négociation sont vraiment très importants et un personnage influent et haut placé dans la hiérarchie de l'entreprise va se déplacer et réaliser lui-même avec son équipe la négociation. Ou alors, dans les situations plus courantes, les négociateurs et autres responsables des contrats disposent de cartes de visite aux titres importants et supérieurs à leur position réelle au sein de leur organisation. Ceci de manière à pouvoir être considérés comme alter ego de leurs interlocuteurs.

La radicalisation des positions des groupes en situation de négociation peut aussi venir de l'influence des leaders de chacun des groupes qui vont durcir leurs positions, de manière à renforcer la cohésion au sein de leur groupe.

L'incidence des conditions de la communication peut aussi influencer considérablement l'issue de la négociation ou la nature des discussions. Ainsi, l'efficacité des discussions en face à face a été comparée à celles menées à distance, par téléphone par exemple. Dans ces situations de communication plus restreinte, le compromis s'élabore plus difficilement que lors de négociations en face à face et ce sont généralement les rapports de force existant préalablement qui sortent renforcés de la négociation.

Enfin, l'alternance entre aspects interpersonnels et collectifs dans le cadre d'une négociation permet une issue plus positive. Nous considérons qu'il est important que les groupes puissent exprimer leurs positions, tout en encourageant l'intervention de tentatives plus individuelles d'interpréter les points de vue opposés et de les intégrer dans le déroulement des négociations. Ce qui se traduit par des étapes distinctes du déroulement de la négociation. Il existe des moments où tous les interlocuteurs sont en présence et d'autres phases où seuls les représentants des deux groupes se rencontrent. Ils sont alors porte-parole de leurs équipes respectives, ils facilitent la communication et permettent de sortir des impasses relationnelles que nous avons vues avec les jeux psychologiques.

Ainsi, les négociations fructueuses semblent reposer sur cette alternance dynamique entre apports collectifs et individuels.

La médiation

Des situations de blocage s'installent lorsque les individus deviennent incapables de les reconsidérer pour modifier leurs règles de fonctionnement. Dans certains conflits, les protagonistes sont tellement enfermés dans des schémas répétitifs que le recours à un médiateur devient indispensable.

➤ **La médiation**

- Est un processus de résolution de conflits, qui peut prendre la forme d'une négociation menée par les acteurs du conflit, facilitée par la présence d'une tierce personne neutre (le médiateur) qui les assiste et les engage à trouver leur solution.
- Est un processus consensuel car, à toutes les étapes, les acteurs gardent la totale maîtrise des décisions.
- Ce n'est pas un arbitrage. L'arbitre, en raison des pouvoirs qui lui sont conférés par les parties, prononce sa décision qui s'impose à elles.
- Elle peut aussi être une méthode de gestion, incitant la discussion et la facilitation des échanges entre les membres du personnel, les partenaires et les actionnaires.

➤ Les missions du médiateur

- Il favorise la discussion de deux ou plusieurs personnes tout en leur demandant de respecter des règles de bonne conduite.
- Il restaure un climat de confiance.
- Il permet la création de nouveaux liens.
- Il établit et maintient les conditions incitant des personnes à rechercher ensemble des solutions.
- Il encourage à penser autrement par des techniques créatives.

➤ Les conditions de réussite

- *La médiation ne doit pas conduire à une déresponsabilisation des acteurs* : elle ne doit intervenir que lorsque le conflit est réellement dans l'impasse.
- Il est important que *le médiateur soit indépendant des deux parties concernées.* Idéalement s'il peut appartenir à un autre métier, voire à une autre entreprise.
- *Un des rôles du médiateur est de faire le Candide.* Par ses questions naïves il permet de clarifier une situation parfois très alambiquée et aussi fait avancer l'argumentation de chacune des parties. Il évite par-là même d'entrer dans le jeu des non-dits et des interprétations.
- *Le médiateur doit imposer sa méthode*, c'est-à-dire qu'il va présenter sa manière de faire, va demander l'accord des parties en présence de façon à pouvoir faire respecter ce contrat de discussion essentiel pour la bonne marche des échanges.
- Il pourra aussi rencontrer librement et séparément les parties, car comme nous l'avons vu, le succès d'une négociation est de pouvoir *alterner les moments de discussion collective et individuelle.*
- *Le médiateur doit représenter*, dans une situation de conflit, *les valeurs de la société* qui indiquent l'orientation que devrait prendre la négociation. Il est donc très important que le médiateur ait une compréhension claire de son rôle et de la manière d'intervenir et que celle-ci s'accorde avec la nature du confit. Une médiation trop technique pourrait ne pas prendre en considération les aspects idéologiques et symboliques d'un conflit ou vice versa. L'inadaptation d'un style de négociation pouvant alors conduire au renforcement du conflit.

- Un autre phénomène est le pouvoir de sanction dont dispose la tierce partie au sein d'une médiation. En fait, si chaque groupe perçoit avoir autant de pouvoir que l'autre, cela peut bloquer le processus de négociation. Il est alors nécessaire que le médiateur ait un pouvoir accepté par les parties antagonistes, qui lui permet d'arbitrer et de fixer des limites à la dynamique d'opposition et donc de la polarisation et du conflit.

➤ La culture tierce comme option de résolution des conflits

Nous venons de voir que pour sortir de conflits intergroupes un tiers est nécessaire, le médiateur, par exemple, permettra de trouver une issue. Afin de rendre plus familier le concept de culture tierce, nous prenons un exemple interculturel. Nous avons choisi cette situation particulière pour montrer jusqu'où peuvent conduire les conflits entre deux cultures qui s'opposent.

> Lors d'un séminaire pour une entreprise allemande implantée en France, nous avions à accompagner les membres de l'équipe à mieux travailler ensemble, à dépasser leurs conflits et à surmonter leurs différences empêchant une bonne collaboration.
>
> Très rapidement au début du séminaire, à l'occasion de l'exercice (schéma d'analyse du choc des cultures)[1] chacun relata les difficultés rencontrées avec les personnes de l'autre culture. Après un certain temps d'écoute des exposés des uns et des autres, l'un des participants allemands prit la parole. « Ce n'est pas la peine de tourner autour du pot, ils nous ont traités de nazis ! » Et un autre participant français de lui répondre « Et vous de collabos ! ».

On peut relever deux choses intéressantes de cette anecdote, réelle et récente puisqu'elle date de 1999. La première est de noter que les représentations que nous pouvons avoir sur une autre culture peuvent être prégnantes et durer des décennies avant de s'estomper. Le deuxième élément digne d'intérêt est le passif historique (ou d'une autre nature) qui peut continuer à agir longtemps après la fin des hostilités. Entre les cultures allemandes et françaises, des événements historiques tragiques rajoutent un poids quant à la réalité du conflit actuel et professionnel et permettent de comprendre la violence des propos.

1. Ce schéma sera examiné dans le chapitre suivant.

Mais ce que nous avons appris à cette occasion, c'est qu'il est illusoire de vouloir taire des représentations qui sont toujours agissantes dans l'esprit des personnes. La prégnance des stéréotypes et des croyances sociales est très forte. Car au moindre problème, dès que les tensions resurgissent, les insultes peuvent fuser à nouveau.

Pourtant, en l'occurrence, l'entreprise est internationalement connue, les ingénieurs en question sont tous fort bien éduqués et cultivés et nous aurions pu supposer que de tels propos n'avaient plus cours ni dans ce type de cultures, ni dans le champ de l'entreprise. Et pourtant...

À ce stade, nous pouvions penser qu'après de tels échanges il devenait totalement impossible d'avancer et de sortir de l'impasse, en fait, il y a eu une issue.

Conscients du risque de polémique dans ce séminaire visant à restaurer les relations pour qu'un travail d'équipe franco-allemand soit possible et performant, nous avions prévu d'être trois intervenants : une Française, une Allemande et un Anglais. Au-delà du fait que chacun de nous pouvait réaliser des interventions spécifiques, notre stratégie était de mettre en place dès le départ la présence d'un tiers culturel. Sa fonction étant alors de calmer le groupe si les choses s'envenimaient. Chaque groupe culturel de participants pouvait s'identifier à la consultante française ou allemande, mais au cas où la situation serait tendue, le fait d'avoir un représentant d'une autre culture lui permettait de faire fonction de tiers et de médiateur.

Nous avons choisi d'aller plus loin, avec l'accord de la direction, et il a surtout été question, dans ce séminaire, de mettre en place une culture tierce. C'est-à-dire une culture qui leur serait propre, liée à leur métier et aux différents projets qu'ils ont à mener ensemble et qui dépassent les cultures nationales comme celles de leurs entreprises d'origine.[1]

Après quelques débuts difficiles, la dynamique s'instaura et par différents moyens (*team building*) les membres de l'équipe finirent par se trouver un nom dans lequel chacun se reconnut, et sont parvenus à une charte composée de six valeurs réellement fédératrices, d'un mode de fonctionnement qui reçut l'accord de tous et d'une méthode en dix points pour venir à bout de leurs divergences.

1. En effet, l'entreprise française avait été rachetée par l'entreprise allemande quelques années auparavant.

Les mois ont passé et les équipes fonctionnent à présent de manière professionnelle sans revenir sur les blocages qui les avaient opposés.

CHECK-LIST : RÉSOLUTION D'UN CONFLIT INTERGROUPES

Comprendre les particularités de fonctionnement des petits groupes :

⇨ Comprendre et connaître quelques principes de base de fonctionnement des groupes.

⇨ Prise en compte des majorités et des minorités.

⇨ Mesurer leur degré d'influence.

⇨ Gérer les déviances.

⇨ Identifier la nature de leadership à l'œuvre.

Sur quoi mettre l'accent dans le cas d'un conflit intergroupe :

⇨ Apprécier le degré de coopération/émulation/compétition.

⇨ Idéfinir clairement les frontières et les territoires (définition des rôles, des statuts, des fiches de fonction, des missions, des limites de fonctionnement des individus et des équipes).

⇨ Prise en compte de la part du leadership dans la résolution des conflits intergroupes.

⇨ Identifier les moyens de rallier les deux groupes opposés à un élément moteur :

- motivations/buts supragroupe : trouver un but fédérateur qui nécessité la collaboration des deux équipes,
- développement d'une culture tierce (mise en place de nouvelles valeurs, d'un nouveau cadre, d'une nouvelle identité).

Chapitre 6

Le cas particulier des relations multiculturelles

« Le courage nourrit les guerres, mais c'est la peur qui les fait naître. »

Alain

Dans ce chapitre nous examinerons les points suivants :

- La situation multiculturelle exacerbe les particularités de la communication interpersonnelle.
- La situation multiculturelle, par son aspect déstabilisant, entraîne nécessairement des conflits.
- Nous devons être vigilants à plusieurs facteurs :
  - l'apparition nette et marquée des stéréotypes ;
  - la peur qu'engendre la différence ;
  - le jugement moral hâtif de toute différence de comportement ou de norme ;
  - la part déterminante des valeurs dans la relation ;
  - l'importance du cadre de références.

➤ Si les rencontres multiculturelles peuvent conduire à des conflits, la richesse de la diversité amène aussi à vouloir découvrir l'autre, à mieux le connaître. Cette curiosité nous conduira immanquablement à mieux maîtriser les complexités de la relation interpersonnelle et à savoir gérer les conflits multiculturels ou monoculturels avec plus de facilité et d'efficacité.

Voici pour débuter une histoire racontée par une consultante chinoise avant d'envisager une collaboration avec une Française.

> « Je vais vous conter une histoire très connue en Chine. Un jour, un riche noble commanda son portrait à un peintre célèbre. Celui-ci lui dit qu'il aurait besoin de trois mois pour réaliser ce tableau. Aucun problème, l'accord fut passé. Puis le premier mois s'écoula et le notable se rendit chez le peintre afin de voir comment avançait son tableau. Ce dernier lui répondit que pour l'instant il ne pouvait pas voir la toile. Un peu déçu, le noble seigneur repartit. Puis au bout du deuxième mois, il exigea de voir son portrait. Le peintre, impassible, lui répondit que pour l'instant rien n'était encore fait mais qu'il n'avait pas à s'inquiéter l'œuvre serait terminée à temps. Le riche commanditaire trouvait la farce peu à son goût et repassa quelque trois jours avant la remise de la toile. Il n'était plus question de le faire attendre davantage sans quoi il changerait de peintre. Celui-ci lui explique alors : « Voilà, il m'a fallu trois mois pour apprendre à vous connaître, à présent il me faudra trois jours pour réaliser la toile. »

Ce qui va nous marquer à ce stade c'est bien l'aspect insolite de la réponse de la consultante dans un contexte professionnel. Et pourtant sa formulation nous renseigne très bien sur le mode de fonctionnement des Chinois et met en exergue ce qui est à l'œuvre dans le contexte multiculturel à savoir la différence de compréhension, d'interprétation et de références pour échanger. Ces différences peuvent alors conduire très aisément à des tensions et par la suite à des conflits. C'est pourquoi il nous semble important de présenter les particularités de la situation multiculturelle afin de comprendre ce qui lui est spécifique. Ce qui facilitera ensuite par extension, la compréhension des malentendus et des dissensions qui peuvent se produire avec toute personne dont le cadre de références est différent du nôtre sans que pour autant il s'agisse toujours de cultures différentes.

Comprendre les spécificités du multiculturel[1]

Évoquer les relations interpersonnelles nous conduit très rapidement à parler des problématiques de communication et de relation. À la lumière de notre expérience, nous avons observé que les situations multiculturelles exacerbent ces difficultés tout en comportant quelques spécificités que nous allons examiner.

De nos jours, nombreuses sont les entreprises qui ont une dimension internationale, soit par leurs filiales ou leur implantation à l'étranger, ou tout bonnement commercent avec des entreprises de différents pays. Par ailleurs, la mondialisation rend très difficile le fonctionnement autarcique et monoculturel.

Les occasions dans lesquelles un manager peut faire face à un contexte multiculturel sont multiples et peuvent survenir dans n'importe quel métier et pour toute entreprise.

Nos interventions ont beaucoup porté sur des actions à caractère international et multiculturel ce qui nous a permis d'étudier de manière précise la question des conflits sous cet éclairage spécifique.

Ainsi, nous avons constaté que la situation multiculturelle a pour spécificité d'accentuer certains éléments de la relation interpersonnelle telles que :

- l'apparition nette et marquée des stéréotypes ;
- l'importance du cadre de références ;
- le jugement moral hâtif de toute différence de comportement ou de norme ;
- la part déterminante des valeurs dans la relation.

---

1. Dans ce chapitre, nous parlons tour à tour de multiculturel ou d'interculturel, ces termes ne sont pas synonymes, ils évoquent chacun une réalité différente. *Multiculturel* signifie qu'il existe plusieurs cultures en présence alors *qu'interculturel* est la situation particulière où deux cultures (au moins) interagissent l'une sur l'autre. Bien évidemment, chaque situation multiculturelle n'aboutit pas forcément à l'influence fructueuse d'une culture sur l'autre. Dès l'instant qu'il existe une influence cela signifie intérêt, curiosité, attrait, envie de dialoguer et de connaître l'autre. De ce fait, l'interaction amène l'influence. De ces multiples échanges aboutissent souvent une sorte de culture tierce, culture formée des apports des deux cultures qui se sont métissées.

La question de l'identité

Pour comprendre la question spécifique de la multiculturalité, il est nécessaire de se rappeler que chaque individu, avant de pouvoir distinguer une autre culture, a besoin déjà de connaître la sienne propre, cette connaissance spécifique caractérisera son identité.

Ainsi, l'identité ethnique est le premier moment de l'identité culturelle. Pour parvenir à s'affirmer et à se reconnaître, il devient nécessaire de se différencier, nous voyons cette pratique se manifester pour chaque régionalisme, basque, breton, corse, etc. Chacun accentue son identité ethnique en rejetant tout ce qui est différent.[1]

« Mais *si l'identité n'est définissable que par la négation de la différence, c'est que la différence est nécessaire à sa définition.* C'est dans cette tension dynamique entre l'ouverture à l'autre et le retour à soi que réside le secret de la véritable acculturation[2] qui, en ultime instance, est la tentative d'intégration de tout humain, dans l'étendue de son universalité et la richesse de sa particularité ».[3]

Ainsi ce qu'amène, en premier lieu, *la rencontre avec une autre culture c'est la question de la différence.* L'autre est différent de moi, il ne rentre pas dans mon cadre de références, ses réflexes me sont inconnus, je ne comprends pas ses réactions.

1. C'est notamment la mondialisation qui dans ses effets d'indifférenciation a conduit certains, perdus dans cette masse pluriculturelle « unifiée » en un seul mode culturel, économique et libéral, à montrer leur attachement à leur culture régionale d'origine.
2. L'acculturation désigne : « L'ensemble des phénomènes qui résultent du contact direct et continu entre des groupes d'individus de cultures différentes avec des changements subséquents de l'un ou des autres groupes. » (Redfiled, Linton, Herskovits, *Mémorandum.* 1938).
3. S. Abou, *L'Identité culturelle,* Éditions Anthropos, 1981.

De la différence au conflit

L'individu aux prises avec deux milieux culturels différents se sent tiraillé, ce qui crée une tension à la fois cognitive et affective. Ainsi plus l'écart entre les deux codes culturels est grand, plus le conflit interne est aigu.

Si la société s'ouvre sur l'interculturel, c'est parce que chaque jour se pose la question de la cohabitation des différences, les rachats et les fusions continus des entreprises les conduisent à devoir gérer en permanence la diversité. La recherche d'harmonisation ou d'homogénéité a du mal à se réaliser sans conflit. Comme le disent Magarlit Cohen-Emerique et Carmel Camilleri : « La rencontre entre différentes cultures passe d'abord par un choc culturel ». Celui-ci peut aboutir à un conflit ou s'arrêter à un simple questionnement sur l'écart entre les différences constatées. Il s'en suivra une recherche de moyens pour les comprendre et les faire cohabiter. Ainsi « les étapes conduisant vers des pratiques interculturelles se feront dans le conflit dans la mesure où elles conduisent à briser le monopole des cultures dominantes qui ont depuis très longtemps écrasé, méprisé les cultures populaires [ou sous-cultures] ». Mais si « l'interculturel est un espace de conflit, de confrontation des cultures et des projets » par excellence, il n'en demeure pas moins le lieu de la « transformation progressive du corps social, des mythes, des symboles, des images et des références qui constituent notre société ».[1]

C'est pourquoi il nous semble important d'évoquer cette dimension des conflits multiculturels dans notre exposé, car les relations entre plusieurs cultures exacerbent les problèmes relationnels et peuvent être le terrain de conflits explicites tout comme le lieu des résolutions les plus spectaculaires. En tout état de cause, la situation multiculturelle aiguise la vigilance et facilite cette prise de conscience nécessaire et essentielle que nous devrions tous avoir en relation avec autrui.

1. M. Dias, « Aller vers l'interculturel, c'est changer les mentalités », in *L'Interculturel en éducation et en sciences humaines*, Tome 2, Université Toulouse Le Mirail, 1985 .

Ainsi, « il n'y a pas d'acculturation qui ne soit la résolution lente et progressive d'un conflit de cultures. Parler d'acculturation harmonieuse, c'est donc indiquer les voies qui permettent à ce conflit d'être la condition d'un enrichissement [...] et non de sa destruction ».[1]

Les particularités du conflit interculturel

Dans le contexte particulier de l'anthropologie, Magarlit Cohen Emerique a observé cinq domaines qui conduisent les sujets à vivre des tensions dans la rencontre d'une autre culture.

Les cinq domaines culturels constituant des chocs culturels principaux sont les suivants :

- chocs relatifs à la perception de l'espace et du temps ;
- chocs liés à la structure familiale : type de famille, système de parenté, rôles masculin et féminin, modalités de communication entre les générations et modes de contrôle social et socialisation des enfants ;
- chocs dus à la sociabilité : hospitalité, dons, échanges, codes de bienséance ;
- chocs relatifs à la demande d'aide (du migrant) ;
- chocs relatifs aux rites et croyances magico-religieuses.

Évidemment, dans le cadre des relations professionnelles, tous ces aspects ne sont pas forcément à l'œuvre, néanmoins, certains sont immédiatement opérants, comme la perception du temps et de l'espace ou le code de bienséance. Quant aux autres éléments, ils peuvent faire l'objet de difficultés majeures si la personne n'a pas les connaissances requises pour comprendre le pays dans lequel elle se rend.

> À titre d'exemple, nous prendrons le cas des achoppements des premières tractations commerciales entre un constructeur américain et une compagnie aérienne chinoise. D'autres entreprises ont essuyé les mêmes déboires, mais depuis, ces éléments étant assez connus, les situations sont anticipées.

1. S. Abou, *L'Identité culturelle,* Éditions Anthropos, 1981.

Ainsi, à l'occasion de pourparlers pour la vente d'avions à la Chine, les membres de l'équipe commerciale partis à Pékin pour finaliser les éléments de contrat avec leurs interlocuteurs chinois avaient réservé un billet d'avion aller-retour.

Les négociations se déroulèrent normalement. Finalement les deux parties parvinrent à un accord. L'équipe américaine satisfaite repartit pour Seattle. À l'aéroport, quelle ne fut pas la surprise des commerciaux du constructeur de voir arriver en salle d'embarquement la délégation chinoise au grand complet. Le chef de la délégation s'adressa au responsable de l'équipe commerciale en lui signalant qu'ils n'étaient pas d'accord avec la clause relative aux indemnités de retard. Pris par le temps, le responsable signa le document, trop heureux de pouvoir finaliser cet accord et de ramener la vente à ses supérieurs. L'heure de l'embarquement arrivait, il fallait faire vite.

Toute l'équipe se congratula dans l'avion et prit du champagne pour fêter l'occasion, impatiente de voir l'accueil qui leur serait réservé, en effet, il s'agissait d'une vente d'une dizaine de gros porteurs.

Mais à l'atterrissage, il n'y eut pas du tout la chaleur attendue. Le manager chargé de la région Asie et en particulier de la Chine les attendait, ayant reçu le contrat par fax avant le départ de l'avion, le service juridique avait eu largement le temps de l'étudier avant l'arrivée de l'équipe commerciale.

En fait, le contrat avait été signé en imputant à la charge du constructeur tous les retards de fabrication dans le cas où le client demanderait au fil du temps des modifications sur l'avion. Cela représentait une véritable fortune !

Le chef de l'équipe commerciale surpris d'une telle attitude alors qu'il pensait que tout s'était déroulé sans problème demanda à son traducteur de lui expliquer ce qui s'était passé. Ce dernier lui dit que pour les Chinois, avoir un billet aller-retour signifiait savoir *a priori* combien de temps les négociations allaient durer. Cette attitude avait été perçue comme irrespectueuse, ne tenant pas compte de leur particularité culturelle, ils avaient donc fait « payer » aux Américains leur arrogance.

Avant d'aller plus loin, nous proposons d'examiner une ou plusieurs situations dans lesquelles vous auriez pu vivre un cas de conflit, d'incompréhension ou de difficulté avec une autre culture. Pour cela nous vous proposons d'utiliser la matrice des chocs de culture.

Comment utiliser la matrice de choc de culture ?

L'objectif de cette matrice est, de faciliter la prise de conscience des événements et incidents culturels que vous pouvez rencontrer. Il s'agit aussi de saisir l'occasion d'analyser plusieurs rencontres culturelles, de façon à identifier les différents facteurs impliqués dans les situations multiculturelles complexes.

1- Identifier une situation (professionnelle ou personnelle) dans laquelle vous avez fait l'expérience de la différence de culture. Par exemple, la première fois que vous arrivez dans un pays que vous ne connaissez pas ou la première fois que vous avez parlé une autre langue (à l'école, ou en tant qu'étudiant…) ; ou encore la première fois que vous avez assisté à une réunion ou une formation multiculturelle.

2- Une fois que vous avez complété la matrice avec un exemple, cherchez-en un second.

3- Vous pouvez croiser cette matrice avec l'exercice que nous avons réalisé au chapitre 3 (démarche d'analyse…) ceci vous permettra de distinguer les faits de vos observations et de vos interprétations.

4- Vous pouvez également mettre en perspective cette expérience avec les stéréotypes que vous connaissez concernant la culture avec laquelle vous avez eu des difficultés. Vous pourrez alors apprécier la part agissante de ceux-ci sur vos représentations de la situation.

5- Enfin, à présent, comme vous envisagez cette situation avec du recul, pouvez-vous lister les différentes options de solutions différentes que vous auriez pu mettre en place pour résoudre ce différend.

Tableau 6.1 – La matrice de choc de culture

	1	2	3	4	5	6
	Pour chaque situation, décrire la situation du problème.	**Les protagonistes, leur identité, leur rôle.**	**Les réactions (positives ou négatives). Y a-t-il eu conflit ou clash ?**	**Les perceptions, valeurs, codes, normes, éléments de référence du narrateur.**	**Les perceptions, valeurs, codes, normes, éléments de référence de la personne de culture différente.**	**Votre interprétation. L'interprétation de la personne de culture différente.**
1er incident						
2e incident						
3e incident						

Venir à bout de la peur de l'autre : dépasser les stéréotypes

Face à l'incompréhension que nous abhorrons dans ces situations multiculturelles, nous manifestons souvent de la peur et un repli sur nous-mêmes, suivis, très vite, par des clichés, des stéréotypes et des jugements.

Dans les conflits interculturels, le problème dominant reste la peur de l'autre. D'un côté, nous nous affirmons prêts à reconnaître sa différence, mais en fait nous ne pouvons la tolérer. Celle-ci nous place face à notre rapport irrésolu à l'altérité.

➤ L'incontournable question des stéréotypes

La situation multiculturelle des commerciaux du constructeur aéronautique américain en Chine illustre comment l'incompréhension peut conduire très rapidement à des jugements. Tant que la peur de l'autre prédomine, nous ne sommes pas prêts à une réelle rencontre, alors le moyen d'enfermer l'autre en croyant le connaître repose sur l'usage de stéréotypes. Nous avons tous entendu dire et dit nous-mêmes « les Anglais sont comme ci » et « les Allemands sont comme ça ». Cela nous rassure, nous avons enfin des étiquettes pour les cataloguer et nous pouvons dormir tranquilles.

Afin de mieux comprendre l'effet des stéréotypes sur autrui, rappelons-nous que nous autres français, sommes représentés à l'étranger, en tout cas pour les hommes, avec un béret sur la tête, une baguette sous le bras, mangeant des grenouilles ayant une haleine qui sent l'ail et se lavant beaucoup moins souvent que d'autres peuples ! Combien d'entre nous se reconnaissent dans cette description ? Nos clichés sur les autres sont aussi vieux que ceux des Américains sur nous. D'où viennent-ils ? De leurs rencontres avec des paysans dans nos campagnes lors de la seconde guerre mondiale.[1]

Mais le stéréotype a la vie dure. Par ailleurs, ils sont bien pratiques car faciles à connaître et à manier, ainsi avec un petit livre de cinquante pages vous pouvez tout savoir sur la Chine, par exemple ! Quels ne seront pas les déboires à l'arrivée lors de la rencontre avec tant de

1. Et aussi des manuels réalisés par l'armée afin de préparer les soldats à la rencontre avec les cultures qu'ils allaient connaître lors des débarquements.

Chinois si différents les uns des autres, selon que l'on se rend à Shanghai ou à Hong Kong !

Donc, la plupart du temps, les stéréotypes peuvent être très grossièrement valables pour une population prise dans son ensemble, mais quasiment toujours faux dès que nous rencontrons un individu en particulier, car d'autres dimensions entrent en jeu qui les rendent alors beaucoup plus complexes et plus spécifiques. De plus, comme nous venons de le dire, ils peuvent être assez anciens et donc fort peu représentatifs du peuple à connaître. Les stéréotypes sont aussi fort restrictifs et assez souvent mettent en exergue davantage les défauts que les qualités.

Ainsi, ils sont à manier avec prudence car *ils sont une illusion de connaissance et peuvent d'ailleurs bloquer tout nouvel apprentissage.* L'autre est catégorisé, il est mis dans une « boîte cognitive déformante » qui nous empêche d'apprécier la réalité de la spécificité individuelle ou contextuelle.

Néanmoins, il faut bien le reconnaître, *ils sont souvent la première étape de la connaissance d'une autre culture.* Et pas que d'une culture, voyons comment, en France, par exemple, nous caractérisons les groupes sociaux, les jeunes, les personnes de banlieues, etc. Très vite, si l'intérêt pour un groupe social, un pays ou un peuple est réel, ces descriptions apparaîtront comme grossières et inadaptées et conduiront à explorer plus en détail la richesse des personnes et des cultures. C'est d'ailleurs la réaction de toute personne formée à l'interculturel, qui est ensuite en relation réelle avec des personnes d'autres cultures, une fois les stéréotypes connus, la démarche est de creuser plus avant les particularités de la relation.

➤ Du malentendu au jugement

Voici un exemple historique d'interprétation erronée en fonction du cadre culturel de chacun.

> « Entre cultures à conventions différentes, les malentendus sont inévitables. D'après les normes de la Prusse Orientale, un Japonais poli, exécutant le mouvement de « prêter l'oreille » serait considéré comme quelqu'un qui se courbe dans un geste servile méprisable, tandis que selon les normes japonaises, un Prussien de l'Est écoutant poliment donnerait l'impression d'une hostilité intransigeante. »

À ce stade, les différences d'encodage de la relation d'une culture à une autre génèrent des malentendus, des incompréhensions et des conflits. Cette différence, ce « choc culturel » face à des pratiques « anormales » dans notre culture d'origine peut très rapidement dévier vers un jugement de valeur. Ce qui est le cas « du geste servile » du Japonais pour le Prussien ou « de l'hostilité intransigeante » du Prussien pour le Japonais.

Les valeurs et les croyances

Selon Magarlit Cohen-Emerique : « Il semble que l'on tolère mal tout ce qui, vu de l'extérieur, est perçu comme une contradiction car on l'interprète à travers un principe de cohérence devenu une valeur dans la Société Occidentale. »[1]

Nous abordons, à présent, le terrain délicat des valeurs. Les conflits peuvent très fréquemment avoir pour racine des divergences sur des éléments fondamentaux comme les valeurs des deux protagonistes. Lorsque celles-ci ont touché, l'opposition peut alors devenir radicale et la charge affective sera alors très forte. Ce que la communication interculturelle met en lumière c'est l'ancrage des normes dans une échelle de valeurs propre à chaque culture et surtout à chaque individu. Elles sont le produit à la fois de la culture de notre pays mais aussi d'un réseau inextricable de sous-cultures comme celle de notre famille, de notre milieu social, de notre métier, de nos loisirs, de notre expérience, etc.

➤ Distinguer normes, valeurs et comportements

La distinction que nous avons faite dans nos expériences de formation interculturelle entre comportements, normes et valeurs permet aux participants de prendre conscience de la différence interculturelle. Ils peuvent, en effet, comprendre comment chaque culture a développé son modèle social au travers des explications anthropologiques et comment, compte tenu de l'environnement, de l'histoire et des interrelations entre les différents pays, normes, valeurs et comportements peuvent se décliner différemment. Ce qui les conduit à augmenter leur

1. C. Camilleri, M. Cohen-Emerique, *Chocs de cultures : concepts et enjeux pratiques de l'interculturel*, L'Harmattan, 1989.

capacité de tolérance et à relativiser l'universalité de leurs propres pratiques ou convictions. Nous reprenons à notre compte les définitions que fait Oomkes entre normes, valeurs, système de croyances et tabous.

Pour lui, *les normes* sont des standards qui conditionnent les comportements, tandis que « *les valeurs* sont les croyances à propos de ce qui est important, beau, bien et mal et juste ou non ».[1] « Les valeurs influencent très fortement ce que les personnes font ou refusent de faire, quand, comment et avec qui. Les valeurs décrivent l'idéal et non pas le comportement réel. »[2] Ainsi, « chaque culture produit la seule réponse correcte aux problèmes de l'existence »[3] ce qui conduit, d'une part, à l'ethnocentrisme vis-à-vis des autres cultures et d'autre part, à la difficile rencontre avec les autres et c'est pourquoi l'on nomme ce phénomène *choc des cultures.*[4]

Le système de croyances constitue les jugements qui permettent de dire qu'une chose est vraie ou non. Les valeurs comme les systèmes de croyances sont des principes normatifs et définissent ce qui doit être fait et ce qui ne doit pas l'être, ainsi que la manière dont les choses devraient être. Le problème que cela pose est de confondre valeurs et faits. C'est ainsi que les valeurs peuvent être perçues comme des proverbes ou des prophéties et devenir des faits.[5]

1. L.E. Sarbaugh, *Intercultural communication*, Hayden Book Cy., 1979.
2. F.R. Kluckhohn, F.L. Stroedbeck, *Variations in values orientations*, Greenwood Press, 1951.
3. « That is inevitable, because we all grow up in specific cultures and view those cultures as providing the only « correct » answers to the problems of existence. », H.C. Triandis, « The self and social behavior in differing cultural contexts », Psychological review, n°96, 1989, pp. 506-520.
4. Choc des cultures décrit par Triandis : « Lorsque des personnes changent de culture, ils expérimentent une perte de contrôle et les résultats sont observables à la fois sur plan physique (exemple, asthme, maux de têtes) et aussi sur le plan psychologique (sentiment de dépression) (Oberg, 1960). Cet état est appelé « choc des cultures » et est expliqué comme le manque de contrôle vis-à-vis des valorisations et réprimandes (des récompenses et punitions – traduction littérale-) que l'individu peut obtenir de son environnement.
5. « Belief systems which are made up from judgements about what is true and what is not. Belief systems are normative too. […] There is a tendency for members of a culture to see their values as if they were facts. », H.C. Triandis, « The self and social behavior in differing cultural contexts », Psychological review, n°96, 1989, pp. 506-520.

Enfin, la notion de *tabous* représente des normes très fortes – des interdits – à propos des choses que l'on ne doit jamais faire.[1] L'utilité de la connaissance de ces tabous est de savoir quoi faire et quoi éviter en situation de communication interculturelle. En effet, c'est une erreur de croire que nos tabous sont respectés partout, même ceux qui sont considérés quasiment comme universaux, tel l'interdit de l'inceste par exemple. Il n'est pas appliqué partout dans le monde et ne porte pas sur les mêmes relations ni les mêmes personnes d'une culture à l'autre.[2]

Néanmoins, les tabous, comme les valeurs évoluent au sein d'une même société d'une sous-culture à l'autre ou encore d'une génération à l'autre. D'où la difficulté de ne pas se fier uniquement aux stéréotypes pour connaître une culture, car ils sont le mélange de représentations et de jugements de valeurs figés dans le temps et relativement peu objectifs.

➤ Valeur et attachement affectif

Ce qui rend la discussion sur les valeurs délicate voire impossible. C'est l'enracinement affectif de celles-ci dans notre psyché. D'ailleurs, ne dit-on pas que si l'on veut garder de bonnes relations avec nos amis, il est préférable d'éviter les discussions sur la politique et la religion ? Ces thèmes sont beaucoup trop connotés d'attachement affectif pour permettre une argumentation raisonnable.

C'est la charge émotionnelle associée à chaque valeur qui explique le conditionnement de l'individu et rend la discussion sur les valeurs si délicates. Le fait que les normes sociales et les valeurs nous soient transmises depuis la toute petite enfance mêle le cognitif et l'affectif. En effet, elles nous ont été transmises par notre famille et des personnes adultes représentant une autorité que nous avons reconnue et acceptée et pour lesquelles nous avons des liens affectifs forts, qu'ils soient de l'amour ou de la haine. Une norme ou une valeur transmise par le père ou la mère est en quelque sorte liée à lui ou à elle. Remettre en cause l'une d'elles signifie alors toucher au père ou à la mère et c'est là que nous apparaissons comme inflexibles, intransigeants et agressifs, défendant griffes et ongles les acquis des êtres chéris.

1. On peut consulter pour un développement plus riche sur la question *Totem et tabous* et *Malaise dans la civilisation* de Freud.
2. Voir à ce sujet les travaux des anthropologues et des ethnologues comme Mead, Malinoski, Lévi-Strauss par exemple ou des ethnopsychiatres comme Devereux ou Nathan.

Revisiter ses normes implique de reconsidérer ses valeurs et l'attachement est alors si fort, la résistance à ébranler la structure est telle que l'examen critique est difficile à opérer. C'est pourquoi, la culture de l'autre, ses normes et ses valeurs sont souvent perçues comme moins respectables que les nôtres. « Mais ce dont nous devons nous garder, avec toute la puissance de notre responsabilité rationnelle, c'est notre penchant naturel de croire inférieurs les normes sociales et les rites des autres cultures. »[1]

➤ Les applications pour le manager

Ainsi, à ce stade, nous pouvons retenir, *l'importance majeure de la connaissance de la culture du pays avec lequel le manager ou ses collaborateurs peuvent être mis en relation.* Qu'elles soient économiques, politiques, culturelles, historiques, des informations précises peuvent être délivrées par des cabinets spécialisés et sont d'une grande aide pour appréhender le contexte spécifique de telle culture et de tel pays.

Un autre apport essentiel est de connaître les us et coutumes, de même que les mœurs et les principaux mythes du pays en question. Il sera alors possible de mieux comprendre comment les gens fonctionnent et de partager plus facilement leurs représentations du monde.

« La formation doit donc se donner comme objectif de développer l'observation des signaux différenciateurs dans le contexte de situations, le décodage du langage verbal et kinesthésique porteur de valeurs, en un mot de tout ce qui est porteur de messages concernant l'identité des personnes en situation interculturelle ». Le point sur lequel l'auteur insiste est sur le fait que la « rencontre dynamique de deux identités se donnent mutuellement un sens dans un rapport social à définir à chaque fois ».[2]

Connaître l'autre permet de comprendre et évite de juger, nous devenons curieux et nous nous intéressons à l'autre. De fait, la peur est vaincue. Le conflit est dépassé et le dialogue entamé. Alors les erreurs sont davantage pardonnées, voire expliquées, commentées, les solutions trouvées ensemble et les problèmes multiculturels deviennent mineurs.

1. K. Lorenz, *L'Agression*, Champs Flammarion, 1977.
2. M. Cohen-Emerique, « La formation des pratiques en situations interculturelles. Le choc culturel : méthode de formation et outil de recherche », in *L'Interculturel en éducation et en sciences humaines*, Tome 1, Colloque national.

Prenons un exemple pour illustrer notre propos.

Lors d'une formation, un collègue anglais et moi-même devions apprendre à des représentants d'une quinzaine de compagnies aériennes du Moyen-Orient, comment réaliser un audit interne. Nous avions travaillé sur notre pédagogie grâce à l'aide de représentants locaux, afin de tenir compte des différences culturelles pour que le message passe au mieux et que la formation soit la plus efficace possible. Voici qu'au bout d'un certain nombre de jours, une personne du Qatar, assez jeune, d'origine indienne et habituée à suivre des enseignements aux États-Unis et en Angleterre, est venue nous faire part du malaise des personnes du groupe. En fait, notre style d'animation ne leur convenait pas, car nous n'étions pas assez didactiques et autoritaires.

Nous devions réaliser une autre session deux mois plus tard, pour les aider à exploiter leurs données et rédiger leur rapport d'audit. Nous avons donc énormément travaillé, non plus le contenu mais la méthode pédagogique afin qu'elle soit le plus dogmatique possible, évitant les questions de manière à ce que les participants se sentent plus à l'aise.

En effet, en tant que facilitateurs occidentaux, nous leur avions demandé en début de séminaire ce qu'ils pensaient du programme des cinq jours que nous allions développer avec eux. Ils avaient interprété ce questionnement comme un manque d'assurance de notre part. Ils avaient acheté notre prestation en regard de notre expérience et de nos diplômes et s'attendaient à recevoir des cours universitaires. Pour notre part, nous pensions nous adresser à des managers responsables et non à des élèves !

Ce qui a permis le succès du séminaire, c'est que nous avions d'emblée montré des marques d'intérêt pour leur culture et cela leur avait fait bonne impression.

Le fin mot de l'histoire est que lors du deuxième séminaire, alors que nous avions cherché à nous fondre dans leurs habitudes culturelles, voilà qu'ils nous demandent de reprendre notre style d'animation ! En effet, après avoir été déstabilisés, ils avaient finalement apprécié l'ambiance conviviale qui régnait dans le groupe et ne souhaitaient plus la rigueur doctorale.

Cette conclusion anecdotique démontre surtout un point essentiel qui est la rencontre des cultures. Nous avons vécu une réalité interculturelle dans laquelle chaque culture a influencé l'autre. Ceci nous amenant à un mode de communication où chacun se comprenait mieux et avait fait un pas vers l'autre.

Décider de s'intéresser à l'autre et à sa culture est un facteur déterminant pour l'anticipation ou la gestion des conflits qu'ils soient ou non multiculturels.

Dépasser les malentendus dans la communication

C'est pourquoi l'essentiel des études sur le multiculturel de par le monde, porte sur les malentendus et les incompréhensions dans la communication.

Les principaux points d'achoppement dans la communication interculturelle peuvent être regroupés dans les quatre thèmes suivants : [1]

- **Déterminant linguistique** : chaque personne n'utilise pas la langue commune de la même façon. Pour l'une, elle est sa langue maternelle, pour l'autre, une seconde langue (dont la maîtrise assure un minimum d'aisance sociale et d'autonomie). Par ailleurs, chacun, à la fois, compte tenu de sa maîtrise de cette langue comme de son patrimoine linguistique propre n'aura pas toujours la même utilisation du vocabulaire.
- **Déterminant situationnel** : les enjeux ne sont pas les mêmes. Pour chaque interlocuteur, les enjeux de la communication peuvent être différents et, de ce fait, le degré de réceptivité et d'interprétation des propos de l'autre seront différents.
- **Déterminant social** : les formations sociales peuvent également être différentes. L'appartenance à la culture dominante ou dominée changera considérablement la relation entre les personnes et notamment le degré d'acceptation de l'autre. Les représentations de l'un et de l'autre seront également diverses et conduiront à des déformations du comportement naturel que pourrait avoir la personne avec ses semblables.

1. A. Giacomi, E. Houdaïfa, R. Vion, « Malentendus et/ou incompréhensions dans le dialogue interculturel : "à bon entendeur salut !" », *in Communiquer dans la langue de l'autre,* C. Noyau, R. Porquier, Puf, 1984. Pour la rédaction de cet ouvrage, leurs propos ont été adaptés au contexte professionnel sur la base de nos propres recherches et expériences.

- **Déterminant culturel** : qui renvoie au fait que les partenaires possèdent des systèmes de représentations et des références symboliques différentes.

La situation multiculturelle implique l'apprentissage d'une langue étrangère et avec elle se développent la « propension à apprendre » et l'envie de communiquer. *Cette volonté d'apprendre et de mieux communiquer peut permettre de diminuer le risque de conflits de valeurs pour se voir limiter au niveau de « conflit d'interprétations. »* En déplaçant la nature du conflit, ce n'est plus l'autre qui me dérange mais il s'agit uniquement d'une question de vocabulaire et de compréhension. L'intensité du conflit est radicalement différente et plus facile à gérer.

Le cadre de références

Cette question des malentendus met alors l'accent sur une *composante essentielle de la communication interpersonnelle, qui est le cadre de références.* Il est, dans le contexte multiculturel, encore plus important que dans une relation monoculturelle, c'est la raison pour laquelle nous nous y arrêtons quelques instants.

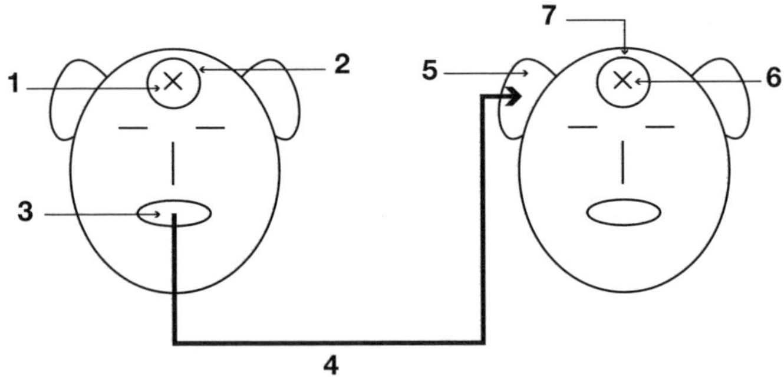

Légende :
1. Le cadre de références (émetteur) – **2.** Le codage – **3.** La formulation
4. Le message – **5.** La réception – **6.** Le décodage
7. Le cadre de références (récepteur)

Ci-dessus, vous reconnaissez le célèbre schéma de Shannon qui décrit la communication interpersonnelle. Notre propos est ici de nous concentrer sur le cadre de références. Sans la connaissance des référents de l'autre, nous pouvons rester surpris et bloqués par certaines réactions et bien entendu entrer dans des conflits insolubles par simple méconnaissance de la réalité de l'autre.

Ce que nous explique ce schéma, c'est que sans connaissance approfondie du cadre de références de l'autre constitué par sa culture, son éducation, sa classe sociale, et aussi par ses connaissances langagières (vocabulaire, langue étrangère, culture générale). Le message que formule l'émetteur a fort peu de chances d'être correctement reçu et compris par son interlocuteur, d'autant que d'autres facteurs peuvent parasiter la communication. L'intérêt porté à la discussion est moindre, ce qui dépend également des enjeux personnels et professionnels, ou de son degré de sympathie avec l'interlocuteur, etc.

Bien entendu, la situation multiculturelle accentue la différence et les possibilités d'incompréhension d'où l'importance de l'information, de la formation, des échanges de pratiques, des retours d'expérience dans ce domaine afin d'anticiper au mieux les conflits.

Pour conclure sur ce thème, voici une dernière anecdote éclairant les difficultés que représente la méconnaissance du rôle du cadre de références dans la communication.

En Afrique du Sud, une entreprise industrielle est managée par des Hollandais et les ouvriers sont des autochtones. À l'approche des fêtes de Noël, le patron, au vu des excellents résultats de l'usine, décide, en accord avec sa direction en Hollande, d'allouer une prime à tout le personnel, cadres et ouvriers.

La prime est remise avec le salaire de la fin du mois de décembre. La semaine de congés entre Noël et le 1er de l'an prend fin et le patron revient à l'usine aux environs du 3 janvier. Quelle surprise de constater que les ateliers sont déserts tandis que la maîtrise et l'encadrement sont présents !

Il est assez désemparé et cherche à savoir ce qui se passe, en faisant appeler les ouvriers chez eux.

Il apprend très vite qu'aucun ouvrier ne compte revenir avant le 15 janvier car la prime correspond à quinze jours de salaire et comme elle a été donnée en plus du salaire, ils ne reviendront que quand ils auront à nouveau besoin de travailler pour vivre.

Ainsi, les différences de comportements observables notamment dans la situation multiculturelle méritent des explications et l'ajustement des cadres de références afin d'adapter son management aux personnes et au contexte. Donc, la multiculturalité exacerbe les difficultés et les différends que toute situation managériale pourrait être amenée à traiter.

Accéder à la vigilance qu'exige le contexte multiculturel permettra au manager de pouvoir gérer plus facilement les conflits issus des incompréhensions engendrées par les différences d'interprétations des comportements. Il s'agira de développer une attitude de méta-communication, c'est-à-dire d'analyse de ce qui est dit de manière à pouvoir corriger les erreurs commises, à percevoir les inconforts des interlocuteurs, et s'excuser des impairs dus au manque de connaissance du cadre de références de l'autre.

PARTIE 3

Gérer la complexité des conflits organisationnels

CHAPITRE 7

Les rôles, les statuts et les ressources autant de sources de conflits

« Au milieu de la difficulté repose l'opportunité. »

Albert Einstein

Dans ce chapitre nous examinerons les points suivants :

- Les rôles doivent être clairs et sans ambiguïté sinon ils engendreront tensions et différends entre les individus ou entre les équipes.
- Un partage des ressources équitable facilitera les conditions de travail. Décider de ressources rares entraînera des situations de compétition et de conflits.
- Les conflits peuvent venir de l'inégalité perçue dans le traitement des personnes, au sein d'une même équipe ou dans l'organisation.

➤ Les éléments organisationnels de la gestion d'équipe

Après avoir examiné les moyens de prévenir les conflits relatifs à la vie quotidienne de l'équipe, nous abordons à présent, des éléments qui sont autant du domaine managérial qu'organisationnel. En effet, il est tout à fait primordial d'apprécier comment une organisation envisage de réglementer les rôles et les statuts de chaque salarié et quelle est sa manière de récompenser son personnel. Est-ce qu'elle fait le choix d'une attitude équitable ou laisse-t-elle, à l'inverse, flotter les rubans en matière de gestion des personnes ? Quelle que soit sa décision, il y aura des conséquences à la fois pour le personnel comme pour le management en charge de l'animation quotidienne des équipes.

Plus une organisation est floue dans ses modes de fonctionnement et plus chaque modalité structurelle est sujette à interprétation et par conséquent, potentiellement, à conflit. En effet, il semblerait peut-être agréable pour certains de séjourner dans une telle entreprise, garantissant une apparente autonomie de son personnel. Pourtant il s'agira très certainement d'un modèle encourageant individualisme et indépendance. Par ailleurs, le problème réside dans le fait que le degré *d'autonomie* est inégal entre les membres du personnel et ceci selon les entreprises.[1] Si certains peuvent s'épanouir dans ce type d'organisations, d'autres, pourraient ressentir un trop grand laxisme et en abuser. L'usurpation des rôles et des prérogatives sera alors l'occasion de tensions et de conflits.

En revanche, une entreprise ou une institution qui combinera excès de structures et de procédures, asphyxiera tant la créativité que l'autonomie ce qui démotivera le personnel et fera fuir un certain type de salariés, plutôt entrepreneurs.

Si le juste milieu est par conséquent difficile à trouver, notre propos ici est de sensibiliser sur les questions de :

- rôle et statuts ;
- système de récompense des salariés ;
- partage des ressources et des tâches ;
- équité dans le traitement des salariés.

1. H. Mintzberg, *Structure et dynamique des organisations,* 1982 pour la 1e édition, Éditions d'Organisation, 1993.

En effet, dans le cas d'un manque fréquent de reconnaissance, il est possible, non pas d'observer des conflits ouverts mais plutôt des marques de démotivation, elles seront une forme larvée de mécontentement qu'il est préférable de pouvoir rapidement identifier.

Les facteurs structurels et organisationnels

La concurrence pousse les entreprises à se différencier. Cela se traduit par des changements d'organisation. S'ils ne sont pas réfléchis de manière globale, ils peuvent être déclinés différemment d'un service à l'autre. Ce qui peut alors entraîner des dysfonctionnements par manque d'homogénéité des modifications organisationnelles et aboutir à des conflits entre services, équipes et individus. Les conflits peuvent ainsi résulter d'une différence entre l'organisation officielle caractérisée par un organigramme affiché, les divisions d'activités en différents services et l'organisation informelle qui utilise en fait différents flux d'informations et circuits de pouvoir que ceux officiellement affichés.

C'est bien de la réalité du fonctionnement de l'organisation dont il va être question dans ce chapitre afin d'examiner les différentes composantes du travail quotidien. Les tensions peuvent en effet se porter sur l'organisation du travail, à savoir la répartition des tâches, les frontières entre les différentes activités, les rôles, les partages de ressources et de responsabilité. Les conflits peuvent aussi être causés par la manière de gérer les salariés et notamment les différences de traitement entre les individus.

Partage des ressources et des responsabilités

Les conflits sont engendrés par quatre types de situations liées à la distribution des responsabilités et des ressources :

- *Le partage des ressources* : imposé par deux personnes, deux services, est générateur de confrontation. L'exemple le plus fréquent est le fait d'avoir une secrétaire pour deux services, qui est « pathétiquement » partagée entre deux chefs et tiraillée entre deux séries de priorités et d'urgences.

- *Le chevauchement des responsabilités* : deux services qui ont la responsabilité d'une même activité peuvent avoir des organigrammes qui se chevauchent. Le conflit est alors inévitable car les responsabilités ne sont pas partagées mais sont en concurrence.
- *Les attributions imprécises de responsabilités* : le fait que certaines zones d'activité de l'entreprise échappent à tout rattachement est à la source de conflits, soit autour de la prise de pouvoir de cette activité, soit au contraire autour du refus de se sentir responsable de ce qui s'y passe.
- *Les rivalités entre fonctionnels et opérationnels* : les opérationnels ont tendance à considérer qu'étant sur le terrain, ils sont indispensables. Les fonctionnels, de leur côté, pensent que les opérationnels ne parviennent pas à sortir de leurs habitudes et à adopter des comportements efficaces. L'affrontement est inévitable et la conciliation passe par la démonstration du bien-fondé des actions des fonctionnels. Si la tension entre ces deux statuts est bien connue, il est de la responsabilité du supérieur de décider de maintenir le *statu quo* ou au contraire de faciliter les rapprochements.

Organisation du travail et répartition des tâches

Selon la manière dont les tâches ont été découpées, réparties entre les salariés et comment sont définies les séquences de travail, l'organisation du travail peut être un facteur générateur de conflit. Le problème se pose alors en termes d'interdépendance et de coordination du travail selon le rythme de production des salariés qui implique des ajustements plus ou moins importants.

Deux éléments sont à considérer :

- *Le degré d'autonomie dans la tâche* (compétence, savoir-faire, qualification, motivation personnelle...). La marge de manœuvre qui permet à chacun de gérer son activité doit permettre d'éviter les tensions. Quand cette marge est trop mince, les conflits sont inévitables. Les situations de trop forte dépendance créent quotidiennement des conflits dans l'entreprise.
- *Les relations opératoires*, c'est-à-dire celles qui sont nécessaires à l'activité, celles dont le salarié ne peut se passer pour réaliser son travail, sont assimilables à des informations (réception unilatérale) d'une part, et des communications (informations bilatérales) d'autre part.

La façon dont les informations circulent, le rythme auquel elles arrivent, leur précision et leur fiabilité sont autant de situations de dépendance, source de conflits.

L'importance du rôle dans les conflits organisationnels

Les conflits peuvent provenir de l'affectation des tâches comme de la compréhension du rôle qu'un individu doit tenir au sein de l'organisation.

Que signifie la notion de rôle ?

Ainsi, tenir un rôle correspond au fait d'accomplir un ensemble de tâches que d'autres s'attendent à nous voir exécuter dans l'exercice d'une fonction. Le rôle regroupe aussi un ensemble d'attitudes et de comportements qui sont directement liés au fait d'occuper un poste.

La fonction principale d'un rôle est d'assurer la prédictibilité des comportements et des tâches. Par ailleurs, les rôles sont les instruments nécessaires à la vie en société, sans eux la vie sociale serait un chaos, par manque de repères et de stabilité interactionnelle.

Il est possible de *classer les rôles* selon leur fonction respective, il existe deux catégories :

1. *Les rôles axés sur la tâche*, c'est-à-dire ceux qui aident à remplir la mission du groupe. Dans cette catégorie, nous pouvons distinguer plusieurs sous catégories :
   – l'initiateur des tâches (celui qui propose les tâches, les objectifs, qui définit le problème et présente les procédures) ;
   – le solliciteur d'informations (celui qui demande des faits, des données, des impressions, qui apporte des suggestions, qui apporte des solutions au groupe et qui recadre vers l'objectif).
2. Une deuxième catégorie de *rôle concerne l'aspect social du groupe*, c'est-à-dire que ces rôles ont pour fonction de maintenir de bonnes relations entre les membres du groupe. Il s'agira de rôles tels que celui du créatif, du réalisateur, du communicateur, du leader, du perfectionniste ou encore du médiateur.

Cet équilibre entre rôles fonctionnels et rôles d'équipes a été modélisé par Belbin qui montre comment chacun des rôles est complémentaire avec les autres. Ainsi, au-delà des rôles formels assignés par la hiérarchie à chaque personne et correspondant à sa fonction, le manager, vigilant, réalisera au sein de son équipe un équilibre entre ces différents rôles. Ceci de manière à équilibrer au mieux les contributions de chacun et atteindre le meilleur fonctionnement de l'équipe.

La distinction entre rôle et statut

Le rôle est perçu comme le résultat d'attentes du groupe social à l'égard d'un individu en fonction de normes préétablies. *Le statut*, quant à lui, est vu comme le résultat d'attentes d'un individu par rapport au groupe social en fonction de normes préétablies.

Mais quel est le rapport entre rôle, statut et conflit ?

Le conflit de rôles, qui est le fait de devoir assumer des rôles contradictoires, peut fragiliser les relations sociales. Une confusion entre rôles et statuts peut créer des conflits en termes d'autorité, de pouvoir et semer la zizanie quant aux tâches à effectuer et perturber l'organisation de l'équipe comme ses missions.

Le conflit de rôle

Le conflit de rôle peut s'entendre lorsqu'une personne exerce plusieurs rôles ou que le même est assumé par plusieurs personnes.

On peut parler de *conflit intrarôle* lorsque les attentes des différents acteurs à l'égard du détenteur du rôle ne sont pas compatibles. C'est le cas du cadre intermédiaire, qui coincé entre celui que le personnel lui confère et celui que la direction attend de lui, vit une situation de tension importante. Un autre exemple est le changement de statut dans l'entreprise qui peut créer une « crise » d'identité pour la personne. Ainsi, un employé de cinquante ans, nouvellement promu cadre, de par son ancienneté et ses convictions, a du mal à se positionner et à abandonner son ancien groupe d'appartenance où il était reconnu, apprécié, et où il avait acquis la sécurité.

Un *conflit interrôle* se présente aussi lorsqu'une personne détient plusieurs rôles en même temps. C'est le cas fréquent d'une personne appartenant à plusieurs groupes à la fois, chacun ayant vis-à-vis d'elle des attentes différentes de comportement.

Nous allons affiner la description des différentes situations de conflits de rôles possibles :

- Une personne se voit allouer, soit par son manager ou un chef de projet, différentes tâches qui induisent un rôle à tenir au sein de l'organisation et qui peuvent être incompatibles avec le rôle qu'il tenait jusque-là. Le conflit de rôle peut s'aggraver si des pressions sont associées à ces nouvelles tâches qui peuvent être incompatibles entre elles.
- Un autre cas de conflit a lieu lorsque plusieurs personnes assignent des rôles distincts à la même personne.
- Des conflits peuvent survenir entre les pourvoyeurs de rôles que ce soit à cause des objectifs ou de la cohérence dans les instructions données à une même personne.
- Les conflits peuvent être également liés à l'appartenance d'un individu à plusieurs groupes où les rôles assignés peuvent s'avérer incompatibles d'un groupe à l'autre.
- Enfin, le conflit peut aussi se situer entre le rôle lui-même et la personne par incompatibilité de valeurs, d'attitudes, de comportements ou d'objectifs personnels.

Le problème s'accroît avec la notion de complexité des rôles liés à la croissance des organisations et de l'environnement. Notamment avec les organisations matricielles ou en réseau, on attend des acteurs de l'entreprise qu'ils remplissent plusieurs rôles, ce qui peut alors avoir pour conséquence un accroissement des différents types de conflits que nous venons de décrire.

Enfin, c'est l'ambiguïté même du rôle qui peut poser problème à l'individu et être alors cause de stress et d'agressivité ou de retrait. En effet, nombre de conflits ont pour origine les malentendus liés à l'ignorance des rôles par l'une ou l'autre des parties. Parfois le quiproquo est entretenu consciemment. C'est pourquoi un accord clair entre le manager et son collaborateur sur la définition précise des rôles et des fonctions a de nombreuses conséquences positives, notamment une meilleure efficacité, parce que la personne se sent en sécurité et est davantage motivée.

En conclusion, sur ce point, l'importance des rôles est déterminante puisqu'elle fixe les règles du comportement des acteurs de l'entreprise et conditionne le bon fonctionnement des organisations. Souvent lors de dysfonctionnements, la source est recherchée ailleurs, dans d'autres causalités que dans celle des rôles. Évidemment le conflit sera exacerbé si au-delà des flous perçus dans les rôles se rajoutent des dissensions relationnelles et des enjeux de pouvoir, par exemple. Nous reviendrons sur ce dernier point dans le chapitre 9.

Le système de récompense appliqué par l'entreprise

Le système de récompense agit automatiquement sur la motivation et l'implication des employés dans l'entreprise. Il nous intéresse ici car il peut déclencher des comportements de démotivation qui peuvent conduire au conflit. C'est alors l'intérieur du système qu'il faudra examiner afin d'en comprendre le fonctionnement et voir en quoi les récompenses offertes entraînent chez les salariés des stratégies qui expliquent les conflits.

Le système de récompense américain, par exemple, est basé sur la compétition. Les entreprises utilisent le conflit comme outil de management, donnant, par exemple, à deux services des activités communes ou des missions identiques afin de pouvoir identifier le meilleur. La compétition est le moteur de l'entreprise et le système de récompense privilégie les gagnants, engendrant l'émulation. Toutefois, cette dernière peut aussi être le foyer de conflits.

Une entreprise peut adopter un système de récompense déterminant des stratégies contradictoires qu'il sera alors nécessaire d'étudier afin de savoir si elles sont intentionnelles ou le fait d'une organisation en croissance.

> La société de Pierre, Tragit est, en effet, passée d'un mode de rétribution basé sur le salaire fixe accompagné de primes calculées sur le résultat collectif réparties sur l'ensemble du personnel à un système de primes individualisées en fonction des résultats. Hormis les effets classiques de tout changement, le problème a surtout résidé dans les demandes contradictoires qui ont été faites au regard du système de récompense. En effet, le

management attendait de ses collaborateurs un comportement de travail en équipe, d'échange d'informations, de conseils et d'expériences, notamment dans toutes les équipes projet tout en rétribuant chacun à la production réellement effectuée. Dès que les échanges entre collègues ou les réunions d'équipe ne pouvaient pas être refacturés d'une manière ou d'une autre à un client, elles n'intéressaient plus personne. *Le travail d'équipe et la coopération avaient été annihilés par le système de rétribution individualisé.*

C'est pourquoi il est essentiel d'examiner comment chaque organisation reconnaît la performance individuelle et collective. Lorsque les salariés améliorent leur efficacité individuelle ainsi que celles de leur équipe de travail, le système de récompense se répartira en salaire pour la performance individuelle et en gratification (considération, ou promotion) pour la performance d'équipe. C'est lorsque ces deux modes de rétribution deviennent contradictoires qu'ils risquent de déclencher des conflits. Car celui qui réussit bien, individuellement, est taxé de manque de solidarité et, inversement, celui qui favorise l'équipe est rejeté comme n'ayant pas d'ambition personnelle puisqu'il n'a pas de reconnaissance explicite (augmentation de salaire).

Un système de récompense qui a du sens

Sans réflexion approfondie du département des ressources humaines, en cohérence avec la stratégie de l'entreprise et en concertation avec le management, le risque est de réaliser un système de récompense au coup par coup, dans lequel chaque nouvelle organisation va apporter des modifications à un principe existant au risque de créer nombre de contradictions et avec le temps une certaine démobilisation.

Comme toujours en management, l'essentiel est de savoir ce que l'on vise, où veut-on aller ? Quel est le sens de tel ou tel système de récompense ? Quels vont être les effets auprès des salariés ?

Ainsi une entreprise de textile nous a récemment demandé notre avis sur leur politique de rémunération et d'évaluation. Comme la directrice des ressources humaines est nouvellement nommée, elle souhaite mettre en place des innovations, laisser son empreinte en quelque sorte. L'entreprise est dans une phase délicate, avec des résultats négatifs pour le groupe et particulièrement mauvais pour la France. La DRH veut modifier, de manière significative, les entretiens d'évaluation, notamment en encourageant l'expression sur les axes de progrès. Mais, dans le même temps, il n'est pas possible d'envisager de budget pour les augmentations, ni de rétribution des bons résultats vis-à-vis des objectifs car la priorité est au redressement. Nous avons alors conseillé de ne pas changer les formulaires d'entretien afin de ne pas générer des conflits liés à des attentes induites par les questions. De plus, cet outil modifié pourrait placer les managers et de la direction dans l'impossibilité de pouvoir reconnaître correctement les progrès et les performances.

L'entreprise a fait le choix de ne pas suivre nos conseils. Plus tard nous avons appris que le climat social de l'entreprise s'est dégradé, qu'à la suite d'un durcissement de la situation financière des grèves avaient même eu lieu et la DRH avait démissionné.

Il est évident que nous ne pouvons pas faire de raccourci quant aux conclusions à tirer de cet exemple, néanmoins, il est probable que la mise en place des nouveaux modèles d'entretien d'évaluation ait contribué à détériorer un climat déjà fragile et tendu.

Les théories sur l'équité, la justice et la répartition des ressources

Nous avons évoqué le système de récompense, l'importance de la définition claire des rôles et des statuts, nous examinons à présent l'incidence de la répartition équitable ou non des ressources auprès des personnes.

Les conflits peuvent survenir, au sein d'un groupe comme à titre interindividuel, de la perception fondée ou non que les ressources auxquelles ces personnes ont droit ou dont elles ont besoin ne sont pas mises à disposition. En quelque sorte, elles ressentent une privation. Évidemment, les réactions face à cette privation relative seront plus manifestes dès lors qu'il s'agit du groupe.

Pour comprendre à la fois le phénomène et apprécier les moyens de réguler cette question de justice de traitement des collaborateurs nous allons nous appuyer sur les théories de justice sociale.

Le principe d'équité

Tout individu agit et est motivé en fonction de ce qui va maximiser la satisfaction de ses besoins et minimiser le coût qu'il va devoir supporter. Il va falloir préciser dans quelles conditions le rapport entre le travail effectué (input) et ce que celui-ci nous rapporte (output) est jugé équitable ou non. L'évaluation *inéquitable* de la performance entraîne démotivation, frustration et souvent agressivité.

Traiter le personnel avec (ou non) équité peut avoir des répercussions sur ses attitudes et ses comportements. Ainsi, un manque flagrant d'équité peut conduire à manifester de la violence.

Le processus d'équité résulte d'un processus d'échange entre l'employé et son organisation (employeur). L'échange porte sur ce que l'individu apporte à l'organisation, c'est-à-dire non seulement les résultats de son travail, mais aussi son expérience, ses compétences, ses qualités de tous ordres, ses qualifications, et ce qu'il reçoit de l'organisation (son salaire, les marques d'estime, les avantages en nature, la stabilité dans l'emploi...).

L'équité signifie la manière dont « on évalue la justice d'un échange ou d'une distribution de ressources par la comparaison avec les bénéfices que l'on obtient ».[1] C'est le principe d'un *échange asymétrique* donc inéquitable qui pourrait conduire à une situation de conflit.

Les types de réactions

L'inéquité de traitement peut être source de conflit mais ce qui est le plus difficile à supporter c'est que les autres soient traités différemment de soi. Nous pouvons tous être injustement traités par notre entreprise, cela est plus facile à accepter c'est de se sentir, seul, à être « mal » traité. De ce fait *la dynamique sociale de l'inéquité repose sur la comparaison avec autrui.*

C'est pourquoi les réactions peuvent se situer à différents niveaux.

- Il peut s'agir d'un simple rétablissement cognitif d'une situation, ce qui ne change en rien la réalité. C'est la personne qui va changer sa représentation des événements.

1. A. E. Azzi, O. Klein, *Psychologie sociale et relations intergroupes*, Dunod, 1998.

- Cela peut-être aussi le changement tangible de la réalité, donc un rétablissement équitable de l'échange.
- En se percevant victime d'inéquité la personne cherchera à modifier ses inputs ou ses outputs ; ou encore elle peut se retirer de la situation en perdant toute motivation.

Dans la majorité des cas, plusieurs bases de référence sont utilisées simultanément pour constituer le sentiment d'équité. Le choix des bases de référence est déterminé par l'accès à des informations pertinentes, donc par la tendance qu'a l'individu à chercher des éléments de comparaison.

Par ailleurs, la classification des caractéristiques de la situation en input et en output n'est pas aussi simple qu'on peut le penser. Se voir donner une nouvelle responsabilité peut être perçu comme une charge supplémentaire (input) ou comme un témoignage d'estime (output). La participation aux décisions peut être considérée comme un travail de plus ou comme un accroissement de l'autonomie.

L'équité et la justice de traitement

Les conflits vis-à-vis d'autres groupes seront diminués dès lors que le besoin d'équité et de rétablissement de la justice sera possible.

C'est ainsi qu'Adams distingue deux aspects de la justice ressentie[1] :

- *la justice procédurale* qui concerne les procédures de décisions relatives à l'attribution et à la répartition des outputs ;
- *la justice distributive* qui implique le sentiment d'un équilibre adéquat entre ses inputs et ses outputs, par comparaison avec ceux des autres, (équité ressentie).

En fait la théorie de la justice procédurale indique que la *perception de la justice* de traitement n'est pas toujours guidée par une *évaluation de nos résultats*. Les salariés percevront une justice dans la manière dont ils sont traités, en fonction de l'évaluation de la justice des procédures de prise de décisions qui précèdent et déterminent les résultats.

1. J.S. Adams, « Adams, Inequity in social exchange », in *Advances in experimental social psychology*, L. Berkowitz, vol 2, Academic Press, 1965.

Ce qui peut alors expliquer les disparités de réactions et de comportements face à des facteurs apparemment similaires.

C'est la perception *a priori* du verdict qui peut entraîner des réactions, plutôt que le verdict lui-même et alors la colère se déplace du jugement envers l'institution même de la justice.

> Par exemple, Sophie est nouvellement nommée assistante de direction, on vient de lui apprendre que toutes les assistantes de direction vont avoir une formation complémentaire afin de mieux prendre en considération les contraintes et spécificités du rôle de manager. De cette manière, elle pourra assister son patron avec plus de compréhension et d'empathie, connaissant davantage ses impératifs et ses contraintes. Elle attend avec impatience de connaître la date de cette formation. Toutes ses collègues ont déjà reçu l'information et savent dans quelle session elles vont être orientées, mais à ce jour elle ne sait toujours rien. Elle dit qu'à la limite elle préférerait qu'on lui dise carrément que la formation aura lieu plus tard, voire l'année prochaine, compte tenu du fait qu'elle entre tout juste en fonction, plutôt que de se sentir marginalisée dès le début de sa nouvelle prise de poste.

Selon les théories de l'équité et de la justice procédurale, les processus de comparaison jouent un rôle majeur dans l'évaluation de la justice. Pourtant, les préoccupations de justice peuvent parfois s'appliquer à des niveaux individuels et parfois à des niveaux collectifs.

C'est là que rentre en jeu la notion de pouvoir, qu'il soit au niveau politique, institutionnel ou étatique, c'est lui qui est au cœur des conflits dans la mesure où ces instances apparaissent comme décisionnaires majeures d'allocations des ressources ou des marques d'équité.

Comment restaurer l'équité ?

La participation à l'évaluation donne à la personne évaluée le sentiment d'avoir un certain contrôle sur son appréciation.

Le sentiment d'équité est également stimulé par la clarté des processus d'évaluation et par sa stabilité dans le temps, toutefois il est indépendant du niveau de l'évaluation attribué. *On accepte une évaluation même sévère, lorsqu'on comprend comment elle a été faite, et lorsqu'on peut y participer.*

Ainsi, lorsque le personnel participe aux évaluations, il se sent mieux intégré dans l'entreprise, plus stable et plus loyal vis-à-vis de l'organisation. Il se juge équitablement traité.

La manière dont l'organisation traite ces problèmes d'équité et sa capacité à présenter les décisions comme allant dans le sens d'un bien collectif pour l'entreprise, représente des déterminants essentiels du type de réaction que le personnel aura devant des mesures difficiles à accepter. *Une injustice distributive ne pourra entraîner que des réactions individuelles.* Ceux qui se sentent personnellement maltraités ayant tendance à réagir seuls pour rétablir l'équité. *Des injustices procédurales déclencheront inévitablement des réactions collectives* dans la mesure où elles risquent de léser un nombre important de personnes.

En conclusion, les comportements et les stratégies qui sont déployés par les différents acteurs ont pour objectif de maximiser leurs propres bénéfices tout en tenant compte des contraintes par les normes de justice en vigueur. Le rôle du management sera alors d'avoir une attitude homogène pour les salariés de l'entreprise de manière à éviter les conflits liés aux disparités de traitement des personnes. Il sera très important que les différents niveaux hiérarchiques puissent être en cohérence entre la déclinaison opérationnelle de la stratégie et les modalités organisationnelles retenues pour y parvenir et la manière dont les ressources humaines vont être gérées en conséquence. Car toute modification significative des modes de fonctionnement génère des inconforts et est potentiellement source de tensions.

CHECK-LIST : RÔLES, STATUTS ET RESSOURCES COMME SOURCES DE CONFLITS

⇨ Le sentiment de frustration et les comportements agressifs sont déterminés par la représentation qu'a l'individu de ses résultats et de ses efforts.

⇨ Il faut donc informer pour éviter les conflits liés à la perception d'inéquité, notamment donner des informations à chacun sur ses compétences…

⇨ … sur les règles de l'échange « performance/récompenses » dans l'organisation…

⇨ … également sur les voies de promotion et la manière dont les évaluations sont faites par la hiérarchie…

⇨ … et enfin, informer pour bien montrer aux membres du personnel qu'ils ont la possibilité de contrôler les résultats de leur travail (et faire en sorte que ce soit vrai).

⇨ Il faut également créer des procédures équitables, qu'il s'agisse de rémunération, de mobilité, de promotion… et vérifier que ces procédures sont effectivement perçues comme équitables, et qu'elles continuent à l'être, même si de nouvelles informations sont accessibles…

⇨ … et s'assurer que ces procédures d'évaluation sont claires et transparentes.

⇨ Il est souhaitable de faire participer les évalués aux procédures d'évaluation, c'est-à-dire leur donner la possibilité de s'exprimer.

CHAPITRE 8

Les conflits relatifs aux situations de changement

« Marcheur ce sont tes traces ce chemin et rien de plus ; Marcheur, il n'y a pas de chemin, le chemin se construit en marchant… […] Marcheur, il n'y a pas de chemin seulement des sillages sur la mer. »

Antonio Machado

Dans ce chapitre nous examinerons les points suivants :

- L'interaction entre changement et conflit.
- La part des résistances comme source de conflit autant interindividuel, intergroupes, qu'organisationnel selon la portée du changement.
- Pour qu'un changement soit accepté il est fondamental de l'accompagner. Pour cela, il est nécessaire de comprendre ce qui se passe pour un individu, comme pour groupe de manière à déminer les conflits liés aux résistances.
- L'explication, la communication mais surtout la transmission de sens de ce changement sont les leviers essentiels favorisant l'acceptation du changement.

➤ Il est essentiel d'encourager chacun à mettre en place des stratégies proactives qui seront aussi le résultat du positionnement de chaque personne comme acteur de l'organisation.

Pourquoi évoquer le changement dans le thème des conflits ?

Dès l'instant qu'un changement a lieu au sein d'une organisation, il va entraîner des modifications dans les habitudes ce qui inquiète. Cette situation crée très fréquemment des tensions pour chaque individu, qui peuvent même réactiver d'anciennes peurs. Mais surtout, les inquiétudes des uns vont trouver un écho avec les peurs des autres. Le risque de conflit augmente alors car le degré de stress se développe psychologiquement et se répercute dans les relations, d'autant que les enjeux de chacun peuvent alors être ébranlés ou menacés.

Notre propos est de montrer l'articulation entre changement et conflit et d'ouvrir quelques pistes permettant d'être vigilant lors de la mise en place d'un changement afin de prévenir les éventuels conflits.

Le changement

Le changement n'est pas une simple adaptation à des contraintes externes. Il s'agit d'un processus aboutissant à la constitution de nouvelles capacités d'action collective. Il est le fruit d'un apprentissage, par invention de nouveaux comportements face aux problèmes à résoudre.

Trois perceptions de la conduite du changement

En fonction de la manière dont les personnes se représentent le changement, ceci peut conduire à des tensions voire des conflits. Nous pouvons ainsi distinguer trois grandes perceptions du changement.

1. Le changement est perçu comme la *résultante de décisions rationnelles* prises par un organe central pensant détenir la totalité des informations nécessaires, la possibilité de choisir les bonnes options et le pouvoir de mettre en œuvre les solutions définies. Le risque de conflit se trouve dans le fait que les personnes qui subissent ces décisions résistent au fait de ne pas avoir été impliquées dans le processus de décision.

2. Le changement est vu comme *un but à atteindre*, mais la réalité des transformations ne dépend pas uniquement de la seule volonté managériale, l'impact de l'action des salariés comme acteurs sur les marges de manœuvres est aussi à prendre en considération. Les conflits peuvent alors venir des influences divergentes des différents acteurs sur le but visé.
3. Le changement est représenté comme un processus continu au centre d'un *ensemble de tensions opposées et complémentaires* :
   - décisions managériales et actions non anticipées des acteurs ;
   - évolution progressive et changement d'orientation ;
   - phénomènes non maîtrisés et actions volontaires, etc.

Bien entendu, l'essentiel repose sur les épaules du management et de la direction (en fonction de l'ampleur du changement).

Dans le cas de Tragit, par exemple, la manière radicale dont la direction s'est débarrassée du management d'une unité de l'entreprise, a créé de réelles crispations au sein du personnel. La plupart des personnes sont placées en situation d'expectative, voire de résistance face aux changements annoncés et surtout vis-à-vis de la réorganisation. Ce qui fut notamment le cas de Pierre. Le choix stratégique de la direction était d'utiliser le scénario de rupture, de manière à créer un choc parmi les équipes et conduire les « partisans » de l'ancien modèle à partir d'eux-mêmes. Ceci permettait « d'épurer » l'entreprise d'un certain état d'esprit qui ne convenait plus à la nouvelle mouture tout en réalisant un plan social déguisé, évitant alors le conflit social ouvert.

Donc, pour le manager, qu'il soit à l'origine d'un changement ou porteur d'une réorganisation décidée par la direction, le succès de la transformation résidera dans la manière d'informer son équipe et de l'accompagner dans cette étape délicate.

L'agressivité comme réaction à la peur de l'inconnu

Nous avons parlé en début d'ouvrage de l'agressivité, comme l'une des causes psychologiques majeure des conflits et la voici qui vient, à nouveau, jouer un rôle dans la situation particulière du changement. En effet face à l'incertain, l'agressivité apparaît comme une réaction à la peur de l'inconnu.

L'agressivité vient donc à la fois de la peur de l'inconnu et de la remise en cause des habitudes, tout ceci généralement regroupé sous le terme de « résistances ».

« L'élément indispensable que ces traditions animales ont en commun avec les traditions culturelles les plus évoluées de l'homme, c'est l'habitude. En préservant avec ténacité ce qui a été déjà acquis, celle-ci joue un rôle analogue à celui du patrimoine héréditaire [...] ».[1]

Cette résistance est donc naturelle, normale et biologique. Il est, par conséquent, assez difficile de s'en défaire d'un revers de main.

C'est d'ailleurs cette peur qui limite tant les capacités des personnes à changer. Bloquées dans leurs habitudes, elles craignent l'inconnu. Les résistances au changement sont, à la fois, une défense de l'individu (ou du groupe) contre le changement et une agression contre ceux qui l'ont initié.

L'agressivité comme réponse à la perte de sens

Toutefois, l'agressivité ne provient pas uniquement des peurs réveillées par le changement, elle peut également être un moyen de réponse à un manque de projet ou de sens.

Denise Van Caneghem[2] attire notre attention sur le fait que l'agressivité peut resurgir comme la manifestation de pulsions morbides faisant à nouveau surface devant le vide créé par un monde contemporain qui semble avoir perdu le sens de la vie.

Elle cite à ce sujet Jacques Attali qui faisait remarquer en 1975 que « la société de consommation n'échange que des quantités (objets, informations, spectacles reçus passivement) » et laisse de côté le sens des objets. « Les économistes, comme les linguistes et cybernéticiens, laissent entre parenthèses la signification des objets échangés, l'homme est fondamentalement frustré de sens, et ne peut apaiser son agressivité. »

1. P. Karli, *L'Homme agressif,* Odile Jacob, 1987.
2. D. Van Ceneghem, *Agressivité et combativité,* Puf, 1978.

Cette dynamique cybernétique ne permet que l'échange, en quelque sorte standard, des informations. Elle ne permet pas l'investissement symbolique et sémantique et rend les individus vides de sens et prêts à retomber dans l'expression de leur pulsion de mort, c'est-à-dire dans la violence.

Le besoin d'information pour combattre l'angoisse de l'inconnu

Dans le contexte global de la société ou dans celui particulier de l'entreprise, on note que l'individu privé de compréhension sur ce qui est en train de se jouer pour lui, pour son avenir, pour celui de sa société, sera dans l'insécurité. Le manque de visibilité de l'impact des réorganisations sur ses rôles, ses missions et ses actions quotidiennes est particulièrement angoissant. Une insécurité qui est souvent manifestée par un besoin d'information et par un comportement rebelle et résistant aux mesures présentées par la direction. Face au manque d'informations, c'est l'avènement de la rumeur et face au manque d'écoute et de reconnaissance ce sera la manifestation de l'angoisse. Ce qui se traduira par le durcissement du dialogue social comme par exemple, la grève, qui sera alors l'expression agressive et rebelle au fait de pas être écouté ou entendu.

Il s'agira alors de réconcilier les échanges cybernétiques et sémantiques en restaurant le sens de l'action, de l'échange et des relations en informant ce qui aura pour effet de structurer et de contrôler les pulsions agressives.

Cette restauration sémantique va alors permettre de rationaliser les échanges en les articulant sur de vrais besoins, y compris de sens, sur des réseaux de communication de plus en plus riches, favorisant l'autonomie et dans lesquelles les personnes ne sont plus interchangeables. En effet, le fait que les personnes puissent être indifféremment remplacées a un effet désastreux sur l'identité et ravive l'agressivité comme moyen de restaurer la particularité identitaire.

C'est pourquoi cette reconquête du sens restaure les structures symboliques. Le langage permet la gestion de la violence, l'expression d'un sens clair et affiché apaise la communication et facilite la régulation de l'agressivité.

Les résistances au changement

« La résistance au changement est l'expression raisonnable et légitime des risques que comporte le changement pour les acteurs. »[1]

Les résistances au changement :

- sont une réaction normale d'un système qui tente de se maintenir ;
- sont plus importantes au début du changement ;
- tendent à s'estomper au fur et à mesure du processus de changement, surtout si des explications sont données et que l'évolution des événements et des faits concrets viennent donner des preuves tangibles permettant à chacun d'être rassuré.

Les fausses croyances sur les projets de changement

Les résistances proviennent également de la méconnaissance du processus de changement de la part des managers. Trop souvent des illusions circulent vis-à-vis du changement comme celle de croire qu'il suffit d'informer pour qu'il y ait adhésion puis modification du comportement et assez rapidement une performance améliorée. La réalité est plus complexe.

En revanche, il est exact qu'un changement sera réellement accepté par un nombre important d'individus, si la personne ou le groupe de ceux qui sont à l'origine du projet de changement démontrent eux-mêmes de leur propre acceptation et font preuve de changements significatifs. Ceci fait alors appel à la fois à la capacité de changer soi-même comme à l'exemplarité qui est une composante managériale essentielle pour le succès de toute transformation organisationnelle. Les salariés et les managers ont besoin de s'appuyer sur l'exemple que leur donne leurs supérieurs. Même lorsque le degré d'autonomie est important chez un collaborateur, la cohérence et l'exemplarité du management supérieur seront particulièrement stimulantes pour envisager d'évoluer.

Par ailleurs, lorsque des personnes résistent longtemps au changement, elles se bloquent et ne veulent plus démordre de leurs positions parce qu'elles ne se sont pas senties écoutées dans l'expression de leurs

1. M. Crozier, E. Friedberg, *L'Acteur et le Système*, Le Seuil, 1977.

peurs. Si les changements ne modifient rien de vraiment fondamental et ne sont que l'expression du pouvoir des dirigeants fraîchement nommés, il est alors fréquent de voir le personnel résister. La résistance est d'autant plus forte et le conflit prêt à surgir dès lors que les personnes ne comprennent pas où l'on veut les mener. Sans prise en compte de leurs craintes et surtout sans explication de la direction à suivre, donc sans formalisation de sens, les manifestations de violence et d'agressivité deviennent alors le pouvoir du faible.

Les deux niveaux des résistances au changement

Tout changement remet en question les individus, leurs compétences, leurs rôles et leurs valeurs. Évidemment, ces menaces peuvent être réelles ou imaginées par les acteurs. Il n'empêche que les craintes peuvent être tout à fait légitimes et se placent à la fois au niveau cognitif et affectif et c'est pourquoi la résistance est si forte. Plus les peurs sont importantes, plus les manifestations de résistance le sont aussi. C'est ainsi que l'intensité des résistances trouve son équivalent dans l'agressivité manifestée.

Le changement peut advenir soit comme une continuité soit comme une rupture. Dans ce dernier cas, il est alors perçu comme une menace des habitudes, des acquis et sa brutalité provoque l'apparition de forces contraires au changement.

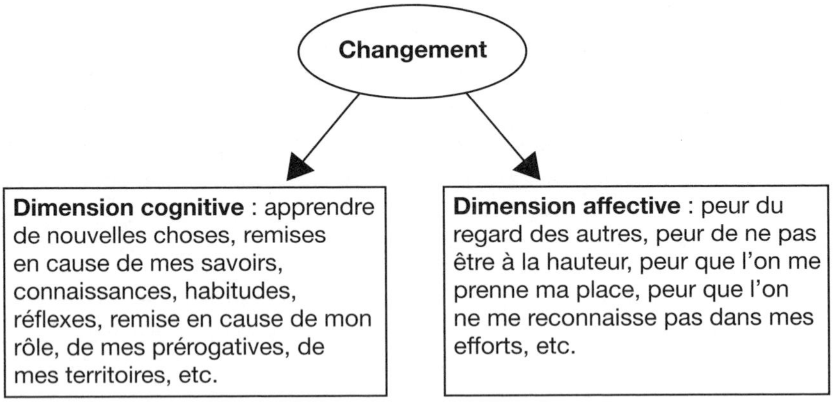

Figure 8.1 – Le double enjeu des résistances au changement

Tandis que le changement vise un progrès, les résistances, elles, conduisent à un repli. Ainsi lorsque l'entreprise cherche à produire des améliorations rationnelles, c'est dans le registre affectif et émotionnel que les réactions se manifestent. D'où le sentiment de certains managers de se trouver démunis face aux résistances et de ne trouver qu'un seul mode de réponse, plutôt rationnel.

Dépourvus des manières d'appréhender le changement dans son expression affective, les managers préfèrent nier cet aspect et se focaliser uniquement sur la communication rationnelle des raisons du changement. Si les résistances peuvent se transformer parfois en conflit, l'agressivité naturelle qu'expriment les acteurs face à ces évolutions inquiétantes nécessite d'être entendue et prise en compte avant qu'une autre dimension puisse être envisagée. Les modalités opérationnelles du changement pourront être comprises une fois la dimension émotionnelle aura été prise en compte.

C'est pourquoi nous allons examiner à présent les différentes manières d'accompagner le changement individuel puis organisationnel.

Les conditions subjectives des transformations

Faciliter l'acceptation d'un changement à titre individuel correspond très souvent à devoir faire le deuil de quelque chose : rôle, identité, habitudes, etc. C'est ainsi qu'évoquer les résistances au changement implique de parler des étapes de deuil. Celui-ci a été initialement étudié dans un contexte médical et thérapeutique, dans le but de donner aux personnes ayant perdu un être cher les moyens de surmonter leur chagrin. Les différents praticiens ayant étudié le phénomène ont pris conscience qu'en fait, tout changement est souvent considéré comme la rupture d'un équilibre existant et qu'il entraîne une réaction affective de la personne, plus ou moins forte selon l'investissement émotionnel qu'elle avait placé dans la situation en question. C'est pourquoi il apparaît important de rappeler ici les différentes étapes du deuil comme les moyens de dépasser cette phase difficile.

Accompagner le processus de deuil de la personne

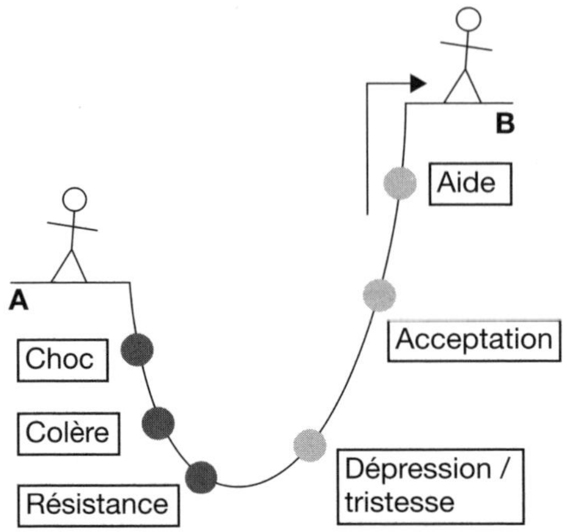

Le détail des phases du deuil adaptées aux étapes du changement) :

Choc : déni de la réalité.
Colère : agressivité, peur, anxiété.
Résistance et résignation.
Dépression et tristresse : reconnaissance des faits.
Acceptation.
Demande d'aide et **investissement sur de nouveaux projets**.

Phase de sidération	N'entend pas.
Phase de déni	Refuse la réalité.
Phase de colère – agressivité	Se révolte, accusations, en veut à tout le monde. L'énergie est bloquée.
Phase de marchandage/résistance	Donnant-donnant. Pour changer quoi que ce soit, il va falloir obtenir quelque chose en échange.
Phase de dépression	Prend conscience de l'inutilité des efforts, relâchement de la résistance. L'énergie est au plus bas.
Acceptation	Accepte l'évidence pour atteindre l'apaisement.
Investissement sur de nouveaux projets	L'aspect émotionnel étant apaisé, il est alors possible d'envisager de nouveaux projets et de réaliser un nouveau départ. L'énergie de l'action est à présent retrouvée.

Figure 8.2 – Faire le deuil, d'après la grille d'Elizabeth Kübler-Ross

C'est bien durant les premières étapes du deuil et donc à la suite de l'annonce d'un changement qu'un conflit peut éclater, soit sous forme de conflit interne comme nous l'avons vu au début de l'ouvrage pour Pierre, soit en conflit ouvert manifesté contre le manager, l'équipe ou la direction. Cette résistance individuelle et ensuite collective peut être mieux accompagnée par le manager s'il comprend ces différentes étapes du deuil et s'il soutient son collaborateur ou son équipe à traverser ces diverses phases.

Le cycle du changement personnel

Dans le schéma suivant, nous avons cherché à rendre compte de quatre étapes clés que l'individu peut être amené à vivre lorsqu'il opère un changement.

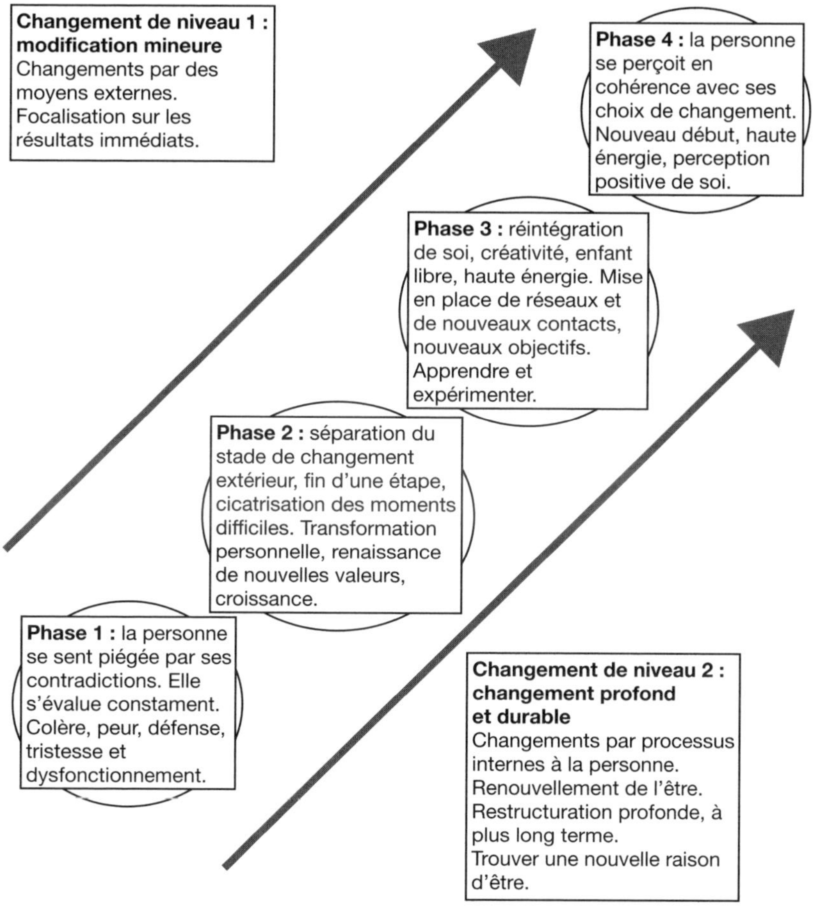

Figure 8.3 – Le cycle de changement en quatre phases[1]

1. Adapté du modèle du Dojo. J. Turner, B. Hévin, *Construire sa vie d'adulte. Comment devenir son propre coach,* InterÉditions, 2000.

Les quatre phases du cycle de changement montrent l'aspect dynamique de ce dernier. Il n'est pas possible de passer à une nouvelle étape sans avoir renoncé à la phase antérieure, c'est-à-dire sans en avoir fait le deuil et lâcher toute la charge affective liée à cet état précédent.

Qu'il s'agisse d'un changement volontaire ou subi, les différentes étapes sont relativement inévitables. La première étant celle d'un inconfort, voire d'une profonde déstabilisation selon la nature du changement. Malheureusement, si l'on ne passe pas par cette étape difficile, le changement n'est pas possible. Toute transformation implique de devoir faire le deuil de quelque chose, de tourner la page, donc d'abandonner ce à quoi nous étions attachés et ceci est douloureux et inconfortable.

Dans ce cycle, les changements les plus souvent observables en entreprise sont les changements de niveau 1 entraînant des modifications extérieures de statuts, de moyens, de résultats. Ils sont certes impliquants, mais ils constituent des changements mineurs. Tandis que dans le changement de niveau 2 (Bateson[1], Watzlawick[2]), il s'agit de transformations intérieures profondes qui surviennent souvent à la suite de chocs, ou de souffrances personnelles importantes. Dans ce cas, il est question de restructuration personnelle et le chemin est encore plus escarpé et douloureux.

Pourtant des situations de réorganisations ou de fusions-acquisitions peuvent parfois revêtir des étapes si douloureuses, voire cruelles, selon la manière dont le management s'y prend pour faciliter la mise en place du changement, que l'individu peut être en proie avec les mêmes exigences de transformation que lors de changements plus intimes.

Ainsi, quel que soit le degré d'implication des changements, chacun entraîne, malgré tout, des chamboulements suffisamment significatifs pour qu'ils puissent à la fois s'accompagner de tensions et de résistances et de la nécessité de pouvoir faire le deuil des états antérieurs.

1. G. Bateson, J.Watzlawick *et al.*, *La Nouvelle communication*, Le Seuil, 1981. G. Bateson, *La Nature et la Pensée,* Le Seuil, 1984.
2. J. Watzlawick, J. Weakland, R. Fish, *Changements. Paradoxes et psychothérapie,* Le Seuil, 1975.

Les stratégies d'adaptation au changement

Face au changement chacun va déployer une réaction plutôt passive ou plutôt proactive.

Ainsi, en fonction du degré d'estime et de confiance en soi des individus, certains seront plus enclins à agir facilement tandis que d'autres se sentiront bloqués ou hésitants et resteront plutôt passifs. Le soutien qui pourra être obtenu soit de la direction ou de l'environnement amical ou familial déterminera aussi pour beaucoup leur capacité à s'engager dans une stratégie plutôt proactive.

Par ailleurs, chacun appréciera différemment le degré d'ambiguïté d'une situation de changement et aura donc des appréciations différentes de ses capacités à réagir.

Les séminaires d'information organisés par la direction portant sur les modalités et le rythme du changement permettront de se dégager progressivement de l'ancienne culture organisationnelle et faciliteront pour chacun la possibilité de se positionner dans la nouvelle configuration.

➤ Les deux stratégies d'adaptation majeures

- *Proactivité et réactivité*

En fonction des ressources disponibles, chaque personne face au changement pourra être plutôt proactive ou alors réactive. Ceci dépend à la fois de la manière dont l'évolution est perçue, comme de l'état intérieur de la personne à ce moment-là. Est-ce une bonne période durant laquelle tout va bien ou au contraire, la personne est-elle déjà affaiblie par divers problèmes personnels et professionnels ? Ensuite, ce seront les enjeux, c'est-à-dire la manière dont la personne va percevoir son rôle dans ce changement, la part qu'elle peut jouer comme le degré d'influence qu'elle pourra avoir sur la situation qui vont déterminer la stratégie qu'elle va adopter. Évidemment, en dernier ressort, ce sera aussi son environnement qui l'incitera à maintenir une stratégie ou à en changer. Si son management et ses collègues l'encouragent à passer le cap et lui démontrent confiance et reconnaissance, ce sera plus facile d'être proactif que si la personne se perçoit isolée et incomprise.

Pierre, au sein de Tragit, pour des raisons autant objectives que subjectives, a accumulé les conditions négatives à l'acceptation de cette réorganisation. Se percevant démuni, de plus en plus isolé dans ses convictions managériales, en proie à des conflits de valeurs et des problèmes personnels, il s'est finalement retrouvé en situation de réactivité et ne parvenant pas à s'adapter et à maintenir une position convenable pour ses propres exigences professionnelles, il a préféré partir.

La stratégie proactive	La stratégie réactive
• Position de résolution de problèmes	• Position de contrôle d'émotions
• S'adresse à la fois aux causes des problèmes et aux symptômes	• Absence d'actions s'attaquant directement au problème
• Enraye les problèmes	• Subit les problèmes
• Risques d'épuisement diminués	• Risques d'épuisement augmentés
• Ajustement sur le moyen et long terme	• Ajustement à court terme
• Économie d'énergie	• Épuisement à long terme

- *Stratégie d'adaptation des individus face au changement*

– Une stratégie d'adaptation (*coping*) désigne la tentative consciente d'un individu de répondre à un facteur stressant externe de manière, soit à empêcher l'apparition d'un stress négatif, soit à s'y soustraire, soit à en contrôler le cours.

– La réponse de l'individu (stratégie d'adaptation) est la résultante complexe de l'interaction entre les contingences environnementales et la configuration psychique de l'individu.

– La lecture par l'individu des demandes que lui fait l'environnement est grandement influencée par la représentation qu'il a de lui-même et de la réalité.

– Cette représentation se traduit, pour l'essentiel, par la conformité que l'individu réalise par rapport à la manière d'être et de vivre présente dans son milieu immédiat.

Le soutien du manager

C'est pourquoi il peut être essentiel pour tout manager d'en prendre conscience afin de permettre l'accompagnement de ses collaborateurs dans cette phase difficile. Il va être nécessaire de montrer l'objectif de l'évolution, c'est-à-dire les avantages et les progrès que ce changement va pouvoir procurer.

Par ailleurs, nous avons vu la manière de gérer les méconnaissances chez les collaborateurs, il sera ici nécessaire d'y avoir recours, notamment lorsque la personne se trouve dans la phase de déni. Il sera essentiel de pouvoir l'accompagner sans pour autant la brusquer. En effet, si quelqu'un ne peut pas voir l'évidence, c'est que la résistance est trop importante, il ne sert donc à rien de forcer, il est préférable d'aborder à cette occasion une posture de coach.

Évidemment, si parfois les circonstances ou les pressions de l'entreprise ne le permettent pas, c'est la manière brutale qui est retenue. La personne choquée devra alors se débrouiller par elle-même et trouver ses propres ressources pour passer le cap. L'une des issues est souvent le départ, quand cela est compatible avec les compétences et le parcours professionnel, sinon ce seront les moyens du « faible » qui se traduisent par l'absentéisme, les arrêts maladie, ou les erreurs afin de signifier le malaise sans pour autant savoir le résoudre et trouver de vraies solutions pour le dépasser.

Accompagner le changement : démarche d'anticipation des conflits

Que l'entreprise choisisse le changement par la continuité ou la rupture, si elle souhaite qu'il soit pris en compte par l'ensemble de l'organisation et que les résistances et les conflits soient évités, il n'y aura pas d'autre choix que de l'accompagner.

Ce qui veut dire comme nous l'avons vu, d'une part prendre en compte et gérer les résistances et de l'autre, donner du sens au changement, ce qui passe notamment par la communication.

Ainsi, le fait de communiquer sur un changement n'est pas une simple formalité ou une habitude organisationnelle, elle est vitale pour permettre la transmission du sens de l'évolution souhaitée. Elle permet à chacun de savoir, de comprendre et donc de limiter ses craintes et ses menaces.

Nous avons auparavant évoqué le besoin de structure fondamental pour les individus et les groupes de personnes (équipe ou organisation). Ainsi, pour qu'une personne soit performante, il est nécessaire qu'elle sache où aller (vision, stratégie, objectifs) et comment y parvenir (moyens, ressources, règles du jeu).

La communication va représenter l'intention de changement de la direction ce qui permettra de formaliser, d'officialiser et de paramétrer le changement.

Impliquer dans le changement

Communiquer permettra également d'obtenir l'adhésion du personnel.

Toutefois cette implication ne se fera pas uniquement en expliquant. Pour que l'on puisse parler de communication, il sera impératif de :

- informer ;
- établir un dialogue ;
- laisser s'exprimer les craintes et les résistances ;
- écouter sans critique ;
- déculpabiliser ;
- étudier les résistances ;
- inclure les résistances dans le projet ;
- écouter les argumentations et les hypothèses ;
- solliciter les suggestions et les idées ;
- accepter de perdre du temps (le temps nécessaire à l'évolution de chacun).

En fait il s'agit de savoir utiliser les bonnes méthodes au bon moment. À vouloir aller trop vite au départ en minimisant l'écoute nécessaire des personnes on obtient les résistances qui paralysent, après coup, les initiatives de communication sur le changement.

Trois composantes essentielles de la communication sur le changement

Première étape : fournir des espaces et les moyens d'un dialogue dans la communication.

- Offrir des espaces, des structures et des supports de communication :
  - s'assurer que les réseaux de communication sont complémentaires et utiles ;
  - vérifier la qualité et l'interactivité des supports techniques ;
  - organiser les possibilités de contacts et d'expression ;
  - canaliser la parole excessive, stimuler ou susciter la parole insuffisante.

Deuxième étape : faciliter le débat contradictoire.

- Tirer parti des différences de valeurs, de points de vue et d'objectif :
  - développer les modes coopératifs d'échange : par la négociation, les compromis ou les incitations collectives (rétributions, climat de confiance) ;
  - permettre un minimum d'expression des intérêts particuliers ;
  - ouvrir au débat ce qui est conflictuel.

Troisième étape : construire du sens et le partager.

- Approfondir le partage du sens :
  - une communication produit du sens et elle est relayée par des personnes qui la font vivre ;
  - les significations de l'action collective sont sans cesse en train de se (re) construire ;
  - la réorganisation des interprétations individuelles ou collectives est un facteur essentiel de changement.

L'axe managérial à soutenir

L'attention sera portée, tout particulièrement, sur les canaux de diffusion de l'information. En effet, souvent, les différents niveaux de l'encadrement ne sont pas tous convaincus par le changement, pour les mêmes raisons que le personnel (peurs de pertes éventuelles et des remises en cause des compétences). Une attention particulière doit être alors apportée à ces relais, notamment à l'encadrement de proximité qui, dans les situations de tension ou de crise, préférera souvent épouser la position de la base qu'il côtoie tous les jours plutôt que lutter contre. Dans ce cas, bien évidemment, le rôle managérial ne sera pas assumé, mais en l'occurrence, il s'agit de comprendre que le manager n'est pas à ce moment-là une simple courroie de transmission mais surtout un individu, seul, pris entre deux groupes. Il peut se sentir fragilisé. D'un côté, il y a le groupe de son personnel et de l'autre la direction, autre groupe distinct auquel il n'appartient pas vraiment non plus.

Lorsque tout va bien, cette situation d'isolement est bien vécue et le manager se sent fort et se vit comme relais. Quand des tensions arrivent, notamment liées à un changement, il se sent isolé, surtout s'il ne partage pas les décisions de sa direction.

J'avais ainsi été sollicitée pour coacher un directeur d'unité qui encadrait cinq managers, eux-mêmes gérant des équipes de plusieurs dizaines de personnes. Il s'agissait d'une entreprise nationale de services et la situation se déroulait dans une région rurale. De plus, le dirigeant en question était un fervent syndicaliste, défendant les injustices. Compte tenu de ses mérites et qualités professionnelles, il avait été promu à un poste de direction opérationnelle mais son appartenance active à un syndicat le rendait fragile quant à sa capacité à prendre toute la mesure de son rôle de manager.

Une nouvelle organisation majeure a eu lieu dans l'entreprise et il était impératif de la décliner régionalement, c'est-à-dire dans tous les services.

Ce directeur eut beaucoup de difficultés à tenir son rôle et prit faits et causes pour son personnel. Évidemment, la direction régionale ne vit pas cette prise de position d'un très bon œil et après maintes démarches internes, elle fit finalement appel à un coach externe.

Le problème résidait donc, d'une part, dans la proximité d'idéologies partagées avec son personnel et d'autre part, dans l'isolement géographique que vivait ce cadre supérieur le privant du soutien du directeur régional. Il était nécessaire de l'accompagner pour qu'il accepte son nouveau rôle et qu'il sorte de son conflit interne. Puis, il fallut travailler sur les éléments du changement et lui permettre de trouver par lui-même le sens de cette évolution et de l'accompagner à bien vouloir l'accepter.

Une fois l'autonomie managériale reconquise par l'acceptation de sa nouvelle identité, l'équilibre intérieur fut retrouvé. Ce cadre se sentit plus en cohérence et n'eut plus de difficulté à présenter clairement son rôle, à concilier ses valeurs avec les avantages de ce changement.

Le personnel, voyant son manager changer, a d'abord cherché à l'ébranler en rejouant certains jeux psychologiques qu'ils avaient pris l'habitude de jouer dans le passé (« on est tous pareils », « on est copains », « tu ne peux pas nous trahir », etc.). Mais face à sa constance, ils se mirent à changer à leur tour, car la voie de la transformation leur était démontrée.

Le rôle des dirigeants dans l'accompagnement

Dans le cas de changement organisationnel, il ne s'agit plus d'accompagner une personne mais l'ensemble de l'entreprise. Ce qui conduit souvent les dirigeants à privilégier les changements par la rupture, au lieu de ceux réalisés dans la continuité.[1] L'aspect soudain laisse penser que le changement s'effectuera plus rapidement, c'est parfois le cas. Cependant la plupart du temps, les changements sont apparemment acceptés, et uniquement par quelques niveaux de management supérieur mais à y regarder de près, la réalité est tout autre.

Nous nous rappelons l'exemple rapporté par un collègue anglais travaillant pour Rolls Royce. Les moyens financiers et organisationnels avaient été mis en place pour effectuer la fusion des deux entreprises, pourtant plus de dix ans après, les managers de chacune des usines continuaient à s'appeler Rolls ou Royce. Le deuil des précédentes identités n'avait pas été opéré et la nouvelle culture attendue pour soutenir la mise en place de la fusion n'avait en fait pas été solidement élaborée.

1. C'est un éternel débat sur le fond dans les entreprises. Notre position à ce sujet est que les deux combinés sont les plus performants mais la précipitation des événements liés aux exigences économiques fait que plus personne ne veut prendre de temps. Il faut aller vite, toujours plus vite et le choix se porte alors sur les méthodes qui correspondent aux contraintes. Donc les changements sont le plus souvent instaurés dans la rupture et réalisés rapidement. Cependant, comme il ne s'agit nullement du temps réel nécessaire pour évoluer, les éléments factuels et visibles du changement sont faits (changement de nom, de logo, de papier à lettre, etc.) mais pour les personnes, le temps d'acceptation est beaucoup plus long, il peut prendre des mois, voire des années, et parfois ne jamais se faire.

C'est pourquoi il sera important d'envisager des accompagnements différenciés en fonction des niveaux hiérarchiques. Ainsi pour les dirigeants, il sera essentiel de se focaliser sur les points suivants :

- validité de la stratégie en fonction des changements attendus ;
- modalités de traduction opérationnelle des changements pour les décliner aux différents niveaux de management ;
- cohésion de l'équipe de direction face à ces changements ;
- vérifier qu'il n'existe pas là déjà des processus de résistances ;
- faire prendre conscience de l'importance de la cohérence et de l'exemplarité dans le changement ;
- sensibiliser aux rouages du changement afin de déterminer un accompagnement du changement qui soutiendra les modifications organisationnelles et qui permettra d'anticiper tensions, conflits et blocages ;
- les conséquences d'un changement par la rupture ou par la continuité ;
- toujours rechercher le sens des choix que l'on réalise et envisager différents scenarii afin de prévenir les difficultés.

En conclusion, afin que le changement ne soit pas une source de conflits, il est impératif que les différents acteurs de l'entreprise prennent la mesure des conséquences des transformations sur les personnes. Ils cherchent à les accompagner, à la fois pour prendre en considération leurs résistances et aussi pour fournir le maximum de clarté afin que chacun puisse apporter sa contribution effective au changement.

CHECK-LIST : CONFLITS RELATIFS AUX SITUATIONS DE CHANGEMENT

Pour terminer, nous pouvons récapituler les étapes clés de l'accompagnement au changement permettant de prévenir les conflits :

⇨ Phase de diagnostic :

- Identifier le climat de l'équipe ou de l'entreprise face au changement (apprécier la réceptivité).
- Diagnostiquer les causes des résistances (objectives et subjectives), les possibilités de conflits.
- Identifier la stratégie proactive ou réactive des individus.

⇨ Phase de gestion des résistances et construction du sens :

- Travail de deuil : accompagner le fait de laisser le précédent modèle.
- Travail sémantique (construction ou expression du sens du changement).
- Communication sur le changement.
- Travail symbolique (construction d'une nouvelle identité).

⇨ Phase de mise en route opérationnelle des changements :

- Impliquer le maximum d'acteurs de l'organisation (lorsque cela est possible) pour construire les modalités opérationnelles de la mise en route du changement.
- Décider de la stratégie managériale (accompagnement, rupture, continuité, soutien).
- Identifier les outils de soutien pour chaque niveau de management.

CHAPITRE 9

Les conflits organisationnels

« Il faut planer sur ce qu'on fait. Il faut savoir bien plus et au-dessus et au-dessous, à côté et de tous côtés, envelopper son objet et s'en rendre maître. »

Jules Michelet

Dans ce chapitre nous examinerons les points suivants :

- Traiter les conflits organisationnels revient à considérer la personne comme acteur et appréhender par là même la complexité du système que représente l'entreprise et qui explique justement l'infinité de conflits possibles.
- En étudiant l'analyse stratégique des acteurs, nous disposons d'un outil permettant de mettre à jour les interactions systémiques entre les acteurs et d'identifier les nœuds de tensions et les axes de conflits.
- Ce sont les zones d'incertitude et donc de pouvoir qui créent les espaces de conflits potentiels ou réels.
- Les différentes stratégies des acteurs peuvent aussi entrer en opposition et générer des conflits.
- Savoir miser sur ses alliés c'est aussi dédier moins de temps à ceux qui s'opposent à notre management. C'est inverser la tendance et optimiser ses ressources managériales tout en minimisant les risques de conflits.

L'entreprise : une complexité croissante face aux enjeux économiques

Dans le précédent chapitre en évoquant le changement nous nous sommes placés dans le champ des conflits organisationnels. Ceux-ci modifient le niveau de lecture des mécanismes de tensions au sein de l'organisation. Il ne s'agit plus de considérer les personnes au travers de leurs motivations intrinsèques ou de leur psychologie individuelle, mais comme des acteurs en interaction les uns avec les autres. Ils réagissent aux fluctuations du système complexe qu'est l'entreprise. C'est en s'appuyant sur la sociologie des organisations qu'il deviendra possible de comprendre les différents mécanismes à l'œuvre.

Cette grille de lecture présente l'entreprise comme un système, un organisme vivant dont chaque partie est reliée aux autres et qui est en constante interaction avec toutes ses composantes. Dans ce contexte systémique l'acteur conditionne ses comportements aux réactions des autres comme aux modifications des éléments de l'entreprise.

L'évolution constante des entreprises, avec la mondialisation des échanges, conduit les organisations à se complexifier en permanence. Le modèle taylorien et mécanique d'organisation laisse la place aujourd'hui au modèle organique.

Celui-ci est adapté à des conditions changeantes où les problèmes se renouvellent souvent. Les structures de contrôle, de pouvoir et de communication y sont organisées en réseau.

Cette évolution des entreprises pose un certain nombre de problèmes et il apparaît clairement que *les éléments sociaux ont une influence sur l'économique*. C'est pourquoi, petit à petit, les théories de l'entreprise vont être amenées à étudier les interactions des acteurs et les jeux de pouvoir là où il y avait auparavant surtout rationalité et subordination.

C'est ainsi que les conflits dans l'entreprise vont également changer de nature. Ils vont désormais porter sur les espaces de liberté et de pouvoir que l'organisation va offrir à dessein ou par méconnaissance de ses failles. Les conflits auparavant qualifiés de sociaux vont prendre la forme de conflits davantage larvés, reposant sur des enjeux de pouvoirs entre les individus. Afin de les gérer et de les anticiper, nous allons nous appuyer sur la méthode suivante.

L'importance du pouvoir dans les conflits organisationnels

Le problème du pouvoir dans l'entreprise est abordé par l'analyse stratégique de Crozier et Friedberg. Elle repose sur le concept d'acteur. *Le comportement de l'individu est actif et rationnel, mais sa rationalité se définit plus par rapport aux opportunités que lui offre l'organisation et aux comportements des autres acteurs que par rapport à des objectifs ou des projets cohérents.* Le pouvoir peut alors se définir comme la capacité d'un acteur, dans sa relation à l'autre, de faire en sorte que les termes de l'échange lui soient favorables. Le pouvoir a un rôle de coordination entre des rationalités différentes portées par des spécialités diverses. Le second concept central de l'analyse stratégique est celui de *l'incertitude.* L'accent est mis sur l'imprévisibilité que chacun laisse planer sur la manière dont il remplira son rôle, imprévisibilité qui a pour objectif d'élargir sa marge de liberté et la part arbitraire de ses décisions, tout en contrôlant celle de l'autre.

Les postulats de l'analyse stratégique

- Il n'y a pas de rationalité unique.
- Les individus ont des buts autonomes par rapport à l'entreprise. De nombreux mobiles les font agir.
- Les acteurs ont une liberté relative, car au cœur de la contrainte, il y a de la liberté.
- De ce fait, les acteurs élaborent des stratégies rationnelles et contingentes, c'est-à-dire que chacun calcule les gains et pertes dans chaque comportement et avec chaque stratégie.
- Le maître mot de la stratégie des acteurs sera alors : *la meilleure des situations à un moment donné et dans un contexte particulier.*

Les concepts de l'analyse stratégique

L'analyse stratégique des acteurs repose sur sept composantes clés que nous allons succinctement présenter pour être ensuite, en mesure, de pouvoir les piloter.

1. Acteur

Être « acteur », indique que, quoi que nous fassions, nous « prenons une part active » à la *vie de notre entreprise.* Ce qui signifie qu'actifs, passifs, résistants ou proactifs, comme par exemple dans le cas d'un changement, notre comportement aura un impact sur le reste de l'entreprise. Ce qui amène alors le premier constat de l'Analyse Stratégique, à savoir qu'il y a de la *liberté partout.* Chaque salarié a la possibilité d'interpréter ce qu'on lui demande de faire : les ordres, les procédures, les règlements... Ce qui est appréciable sinon l'entreprise ne pourrait pas fonctionner. C'est d'ailleurs le cas lorsque les règles sont appliquées à la lettre : cela s'appelle la « grève du zèle » et il n'y a pas de meilleur moyen pour paralyser une entreprise !

Autrement dit, *aucune entreprise ne détermine totalement les comportements de ses salariés.* La pratique montre que chacun acquiert une certaine autonomie, dégage une marge de liberté dans son comportement.

D'où le terme d'*acteurs.* Il renvoie à la notion de personnes libres, ayant leurs propres buts et objectifs professionnels et personnels et utilisant toutes les ressources dont elles disposent, pour s'adapter et modifier leur contexte de travail.

2. Changement

L'analyse stratégique reprend ce que nous avons évoqué concernant le changement, à savoir qu'il entraîne presque toujours des résistances et qu'elles sont *légitimes et inévitables.*

Elles ne sont pas simplement la manifestation de la routine et de la passivité des collaborateurs comme on a trop tendance à le croire. Elles sont dues au fait que toute « organisation » dans l'entreprise (structure, hiérarchie, procédure, technique...) est l'expression d'un certain équilibre, sous-tendu par des relations de pouvoir dans lesquelles les individus ont trouvé, en principe, une satisfaction minimale, un compromis entre leurs objectifs personnels et ceux de l'entreprise.

Changer les structures, par exemple, revient donc à rompre cet équilibre, et à redistribuer entre les partenaires les atouts et les moyens de marchandage qu'ils avaient mobilisés pour arriver à cet équilibre. Devant les risques qu'une telle redistribution, il est inévitable qu'ils essaient de se prémunir et de se protéger au mieux. Les « résistances au changement » peuvent encore mieux se comprendre sous cet éclairage.

Afin de les dépasser, le plus efficace est de faire participer les intéressés à l'élaboration des décisions qui les concernent.

Mais cette participation a un prix, c'est-à-dire que les collaborateurs doivent réellement y trouver leur compte et pouvoir réellement influencer les décisions pour garantir la prise en considération de leurs objectifs et intérêts personnels. Autrement, ils n'accepteront pas de « jouer le jeu ».

Le changement est ainsi nécessairement un processus de négociation constante sur les décisions et leurs conséquences. Rien ne sert de chercher à éviter ces négociations. Elles auront lieu de toute façon.

Ainsi, négocier c'est reconnaître l'existence d'intérêts divergents. Cela rend les affrontements inévitables, plus rationnels et moins coûteux, et ils deviennent un élément *dynamique du fonctionnement de l'entreprise.*

Le changement est alors un processus de création et d'apprentissage collectif et l'implication des acteurs facilite le dépassement des conflits.

3. Décision

Dans les entreprises, des décisions de toutes sortes se prennent sans cesse. Elles conditionnent le fonctionnement, l'efficacité et leurs résultats. On pourrait dire que la décision est l'acte essentiel du management. Aussi, l'analyse stratégique s'est elle beaucoup intéressée aux processus par lesquels les décisions se prennent.

Dans la perspective classique de l'Organisation Scientifique du Travail, la décision y était vue comme l'acte de spécialistes qui – grâce à leurs connaissances et compétences – étaient investis des pouvoirs nécessaires et qui, après une analyse rationnelle des contraintes techniques, économiques, etc., trouvaient la meilleure décision possible et la faisaient appliquer par des exécutants passifs.

- *L'illusion de la rationalité absolue*

En analysant l'entreprise comme un système social où des individus et des groupes poursuivent des stratégies divergentes, l'Analyse Stratégique bat en brèche cette vision trop simpliste d'une unique rationalité technico-économique qui s'imposerait à tous ses membres.

Il n'y a plus « une » solution pour chaque problème, mais « des » décisions qui correspondent à des états d'équilibre différents du système social. La décision à laquelle un certain nombre d'acteurs arrive n'est pas la meilleure possible, mais la plus satisfaisante, étant donné les stratégies des différentes parties prenantes.

Le processus de décision n'existe que dans un contexte donné à savoir au cœur du système social au sein duquel il s'élabore. Les règles du jeu de ce système produisent des décisions spécifiques que l'on ne retrouverait pas dans un autre environnement.

Ce raisonnement s'applique aussi bien aux décisions importantes qu'aux plus simples. Car toute décision, quel que soit le niveau hiérarchique auquel elle se prend, et quelle que soit son importance, constitue un enjeu dans les marchandages qui se déroulent au sein de l'entreprise.

- *Une décision n'est jamais neutre*

La solution qui sera adoptée modifiera l'équilibre antérieur et donc la capacité de chacun d'atteindre ses objectifs. Tous ceux qui sont concernés par la décision ont donc intérêt à peser sur elle. Par conséquent, l'élaboration de la décision elle-même sera marquée par un processus de *négociation* où chaque partie prenante cherchera à orienter la décision finale dans le sens qui lui est le moins défavorable.

La rationalité absolue supposerait la capacité de « décider en connaissance de cause ». Encore faudrait-il que les « décideurs » investis par l'organigramme aient accès à *toutes* les informations.

Or, c'est précisément là que les autres membres de l'entreprise récupèrent du pouvoir sur les « décideurs », car eux possèdent l'information, celle du terrain, des clients, des fournisseurs, etc. Ainsi, plus les « décideurs » sont éloignés des situations réelles auxquelles leurs décisions s'appliquent, plus ils ont besoin d'informations pertinentes et c'est alors que tout le monde détient du pouvoir.

La décision finale n'est jamais neutre parce que les informations qui en constituent la matière première ne le sont pas ; elles sont au contraire « biaisées » :

- d'une part parce qu'elles sont marquées par leur contexte d'origine, par leur mode de transmission…

  Exemple : Pierre « sentira » l'ambiance de son équipe, le climat chez ses collègues à de petits indices qui n'ont de signification que pour lui, qui est en contact quotidien avec cette réalité. Ces mêmes indices n'ont pas de le même sens pour son nouveau directeur.

- d'autre part, parce que les individus chargés de les recueillir et de les transmettre ne sont pas de simples courroies de transmission. Ils poursuivent au contraire des stratégies propres qui colorent nécessairement la teneur des informations transmises, s'ils ne les dénaturent pas délibérément.

On conçoit que dans ces conditions, on ne puisse plus parler d'une décision « rationnelle » sans s'interroger aussitôt sur les conditions de cette rationalité. *Une décision n'est rationnelle que par rapport à une situation, à un état donné du système social de l'entreprise.*

4. Pouvoir

Le pouvoir correspond à la capacité d'une personne « *A* » à obtenir qu'une personne « *B* » *fasse ce qu'elle demande*. Car, « A » a du pouvoir sur « *B* » si la *marge de liberté* de « *A* » constitue la *zone d'incertitude* de « *B* », et que celle-ci l'affecte dans l'atteinte de ses objectifs.

Le pouvoir n'est pas un *attribut*, mais une *relation* déséquilibrée, réciproque, non transitive et fluctuante.

Le pouvoir d'un individu dépend de l'importance des zones d'incertitude qu'il contrôle. De ce fait certains rôles ou certaines compétences apparaissent comme des zones d'incertitude pour les uns et donc des zones de pouvoir pour les autres.

Citons les principales zones correspondant à des rôles identifiables dans l'entreprise :

- *L'expert*

C'est celui dont on a besoin parce qu'il détient un savoir-faire important pour la vie de l'entreprise ou du service. Il contrôle une ressource rare.

- *Le marginal-sécant ou l'expert en environnement*

C'est quelqu'un qui se situe à la périphérie de deux environnements, dans l'espace où se recoupent ces deux ensembles. Certains vendeurs sont des marginaux-sécants : ils appartiennent à la fois à l'univers de leur entreprise et à celui des clients. À l'intérieur de l'entreprise existent également des fonctions « interface ». Ces dernières peuvent fluctuer sur la frontière et jouer de l'appartenance simultanée ou alternative aux deux environnements.

- *L'aiguilleur*

Son pouvoir est obtenu par la capacité qu'il a d'influencer tous les comportements par le traitement qu'il fait de l'information, par les réseaux qu'il utilise, par la nature et la pertinence des informations qu'il donne. Il délimite lui-même le problème.

- *Le chef*

Il a le pouvoir de créer, de modifier, d'interpréter et de faire la **loi**. Il a la capacité d'influencer les processus de décision.

5. Stratégie

L'analyse stratégique des organisations part du postulat que l'individu en situation de travail n'est jamais totalement déterminé dans son comportement.

La stratégie, c'est la « manière dont l'individu mobilise ses ressources pour maîtriser une incertitude qui devient l'objet d'un enjeu ». Elle traduit les mobiles des acteurs, et leurs objectifs. Elle se caractérise par des formes particulières de relations avec les autres (entente, alliance, négociation, opposition conflictuelle). Elle donne lieu à des jeux : offensifs-défensifs, individuels-collectifs.

C'est un acteur libre qui poursuit une stratégie rationnelle en vue d'atteindre ses objectifs personnels.

Évoquer une « stratégie rationnelle » ne signifie pas la rationalité pure, mais d'une rationalité qui est propre à l'individu et à sa situation professionnelle. Il s'agit d'une rationalité *limitée* par :

- *les caractéristiques individuelles* : atouts culturels, aptitudes physiques et intellectuelles, compétence professionnelle, appartenance à des groupes divers…
- *les caractéristiques de son contexte* : l'action de l'individu se déroule dans un univers déjà structuré, limité, hiérarchisé, réglementé…

6. Le système

Un système est : « Un ensemble humain structuré qui coordonne les actions de ses participants par des mécanismes de jeux relativement stables, et qui maintient sa structure, c'est-à-dire la stabilité de ses jeux et les rapports entre ceux-ci par des mécanismes de régulation qui constituent d'autres jeux[1]. »

- L'acteur est déterminé par le système.
- Le système est créé par l'acteur.
- C'est un ensemble dynamique en perpétuel équilibre.

À quoi cela sert-il de parler de système dans le contexte organisationnel ?

- Situer les rapports de force.
- Prévoir le cadre de projets de changement.
- Diagnostiquer avant de prendre une décision.
- Comprendre les dynamiques conflictuelles.
- Repérer les jeux générés par un projet ou toute organisation complexe.

Cette notion de système permet de résumer les apports principaux de l'analyse stratégique :

- *Une situation organisationnelle donnée ne contraint jamais totalement un acteur.* Il garde toujours une marge de liberté et de négociation quant au comportement qu'il adoptera... Or, cette marge de liberté constitue pour ses partenaires une source d'incertitude dans la mesure où son comportement les affecte dans leurs capacités à poursuivre leurs objectifs.
- Par sa marge de liberté, l'acteur dispose donc de pouvoir sur les autres.
- *À tous les niveaux de l'organisation, existent des relations de pouvoir et de marchandage.* Ces relations permettent aux individus de négocier leur coopération aussi cher que l'exige la poursuite de leurs propres objectifs.
- *Les contraintes de l'organisation nécessaires pour atteindre les buts collectifs deviennent le point de passage obligé des relations de pouvoir qui lient les individus et déterminent en grande partie leurs stratégies.* C'est à travers ces contraintes qu'un minimum de prévisibilité du comportement est réintroduit dans l'entreprise ; sans cela, elle ne pourrait pas

1. M. Crozier, E. Friedberg, *L'Acteur et le Système*, Le Seuil, 1977.

fonctionner de façon satisfaisante. Ces contraintes sont donc acceptées dans la mesure où elles réduisent l'incertitude majeure pour tous, à savoir la survie de l'entreprise.

- *Le système social est donc un état d'équilibre*, souvent transitoire, qui s'incarne dans un certain nombre de règles du jeu. État d'équilibre entre les stratégies et les relations de pouvoir des uns et des autres.
- *Ces règles du jeu sont le résultat à la fois des contraintes organisationnelles et du système de relations de pouvoir qui existent dans l'organisation.* Elles sont indissolublement liées aux deux. C'est à travers elles seulement que l'on peut comprendre le fonctionnement du système social d'action.

7. Zone d'incertitude

Les individus sont à la fois *acteurs et dépendants de l'organisation*, car le développement de l'entreprise, sa capacité à atteindre ses objectifs constituent pour chacun un des critères essentiels lui servant à définir la pertinence de ses capacités dans les relations de pouvoir. Ainsi, plus la zone d'incertitude contrôlée par un individu ou un groupe sera cruciale pour l'entreprise ou une partie de celle-ci, plus celui-ci disposera de pouvoir.

> Dans le cas de Tragit, au moment de la réorganisation, autant de comportements que d'individus ont pu être observés. Il y a ceux qui tétanisés par le choc affectif que le départ brutal de leur directeur de département avait causé ne faisaient rien. Ils travaillaient au ralenti et ne prenaient aucune décision quant à ce qu'ils allaient faire face à ces nouvelles opportunités. À l'inverse certains étaient déjà au courant de la situation bien avant que le clash n'éclate ouvertement et avaient dors et déjà demandé leur mutation dans d'autres services. Puis, le chambardement et le flou donnèrent des occasions inespérées pour certains qui se firent très rapidement connaître des nouveaux dirigeants de manière à pouvoir saisir les opportunités en matière de compétence et de promotion. Une fois ces occasions saisies, ceux qui pouvaient prétendre aux mêmes postes se retrouvaient bloqués, les zones d'incertitudes étaient devenues des zones de pouvoir pour ceux qui avaient su en saisir immédiatement l'occasion.

Ainsi la stratégie des acteurs est d'autant plus identifiable durant les moments de turbulence organisationnelle. Il est alors essentiel que le management supérieur en ait conscience afin, soit de favoriser les mobilités, soit, à l'inverse, de laisser sciemment chacun se débrouiller. La conséquence est que l'ambiance au sein de l'entreprise peut être davantage orientée vers la rivalité que la coopération.

L'impact de la stratégie des acteurs sur l'action collective

Lorsqu'une entreprise vise à développer une synergie entre ses différents acteurs et encourage l'action collective, elle ne peut faire l'économie d'examiner les modalités des échanges comme la répartition formelle et informelle des pouvoirs.

Sa réussite dépend beaucoup de la qualité de la communication et de la coopération entre ses membres. Ainsi, l'individu clé est celui qui connaît les leviers de la coopération et qui a la capacité de mettre en relation les acteurs capables de réaliser cette synergie.

Il sera également nécessaire d'apprécier l'actualité des règles qui régissent l'entreprise. Si, comme le souligne P. Bernoux[1] celles-ci se reconstruisent toujours dans un système existant antérieurement, les acteurs doivent en tenir compte dans leur négociation quotidienne et dans les compromis. Afin de s'adapter aux évolutions constantes de l'entreprise, les règles se situent entre innovation et continuité et influent sur la structuration de l'organisation.

Selon la stratégie de l'entreprise, il sera essentiel de prendre conscience des modalités de l'organisation, des degrés de complexité de manière à insuffler un certain style de management encourageant ou non les jeux de pouvoir des acteurs. Plus une entreprise incite au flou et laisse des espaces non définis et plus elle encourage chacun à envisager individuellement sa stratégie et conduit assez fréquemment au développement des jeux de pouvoirs et aux conflits soit ouverts, soit latents en fonction des us et coutumes de la culture d'entreprise.

> Prenons à nouveau l'exemple de Pierre. Au sein de Tragit, à la suite immédiate du licenciement du directeur de l'unité, les plus anciens ont très vite

1. P. Bernoux, *La Sociologie des entreprises,* Le Seuil, pour la réédition 2004. Sur ce point il s'appuie sur la théorie de Reynaud.

mentionné le fait qu'il est très mal vu de réagir collectivement. En effet, certains avaient pensé réaliser une pétition et ou aller voir collectivement la direction générale. Ceci leur a été vivement déconseillé, l'expérience avait démontré que ceux qui avaient pu se mobiliser pour leur collègue en avaient par la suite pâti professionnellement.

Voici clairement un moyen que la direction a choisi pour museler les initiatives sociales collectives. La diffusion d'une rumeur sur les pratiques instituées, mais implicites, fige les volontés de chacun. Ainsi, dans une période confuse comme à la suite d'un tel changement, les personnes ne sont pas encore clairement positionnées individuellement. Trop impliquées affectivement, elles ne sont pas capables de toute la lucidité qui serait nécessaire pour réaliser une prise de décision efficace et pertinente.

C'est pourquoi gérer les conflits organisationnels consiste à prendre en considération la complexité de l'organisation et sa dimension systémique. L'individu devient acteur et les sources de conflits peuvent survenir des incompatibilités de stratégie, de zones d'incertitudes trop importantes développant des espaces de pouvoir excessifs pour le bon fonctionnement de l'entreprise.

Alors gérer et prévenir les conflits organisationnels revient à prendre en considération les relations de pouvoir existant dans toute relation de travail. Enfin, le dirigeant comme le manager décident du sens qu'il donne à leur management. Sans jugement de valeur, quel que soit le choix de style de management qu'il décide de mettre en place, il est essentiel qu'il se soucie des conséquences sur les personnes, les relations, les flux d'information et les pouvoirs de l'organisation.

Ainsi, manager un conflit organisationnel signifie comprendre et piloter la complexité des interactions des acteurs et de leurs stratégies. Ce qui passe dans un premier temps par une phase de diagnostic visant à identifier la répartition formelle et informelle des pouvoirs pour conduire, par la suite, à la manière de gérer les récalcitrants.

➤ Grille d'analyse des différentes composantes d'un conflit organisationnel

Afin de s'assurer qu'une situation conflictuelle est traitée dans sa totalité, il est important d'examiner chaque composante et de vérifier que tout a été envisagé et réglé. Cette grille va vous aider à faire un bilan pour chaque conflit, en vous basant, sur l'analyse stratégique afin d'identifier quels sont les acteurs qui vont adhérer ou s'opposer à la résolution du conflit.

Vous pouvez utiliser cette grille pour chacun des acteurs concernés par la situation conflictuelle.

Acteurs / Problèmes	Traité ou non	Adhésion	Opposition	Détachement
1. origines				
2. causes				
3. objectifs				
4. caractéristiques				
5. problèmes				
6. limites, contraintes				
7. enjeux				
8. zones d'incertitudes/ pouvoir				
9. stratégies de chacun				
10. conséquences				
11. solutions				

La liste n'est pas exhaustive et peut être complétée.

Ce diagnostic sera utile pour apprécier les stratégies de chacun et aussi les alliances contractées dans le cadre d'un changement, par exemple.

Alliances et antagonismes[1] : deux stratégies collectives

Nous venons de voir avec l'analyse stratégique des acteurs comment identifier leurs enjeux et leurs stratégies et de fait anticiper les zones d'incertitude et mieux piloter les besoins de pouvoir des uns et des autres.

À présent, nous allons examiner le processus des alliances que peuvent réaliser les acteurs. Celles-ci peuvent nuire à l'entreprise lorsqu'elles facilitent l'atteinte d'objectifs personnels de carrière et ne concourent pas à l'intérêt général.

Le manager a alors besoin de comprendre ces mécanismes afin de mieux agir sur la synergie de ses équipes.

Synergie et antagonisme

Pour atteindre ses objectifs, toute personne développe une certaine énergie qu'elle va orienter différemment en fonction des circonstances et des partenaires qu'elle rencontre. Cette énergie peut prendre deux orientations différentes.

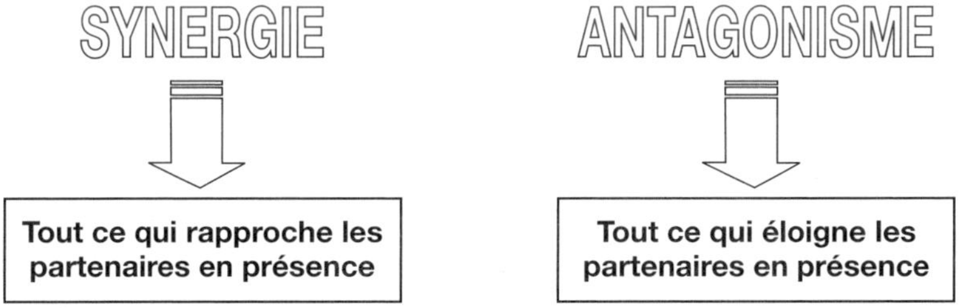

La synergie signifie la capacité de plusieurs personnes à coordonner leurs actions vers un effet unique. Tandis que l'antagonisme correspond à l'opposition de deux forces. Et contrairement aux idées reçues *synergie et antagonisme ne sont pas strictement opposés et coexistent dans la plupart des relations.*

1. D'après *la sociodynamique des alliés* adaptée par Jean-Louis Müller. Jean-Louis Müller, *Les Nouveaux Styles de management,* ESF, 2004.

La synergie engendre généralement la synergie mais aussi parfois l'antagonisme. Tandis que l'antagonisme entraîne toujours l'antagonisme.

La synergie et l'antagonisme ont, chacun, un double contenu, un aspect affectif, qui se traduit par des sentiments et un contenu objectif, qui se traduit par des actes réels.

	Contenu affectif	**Contenu objectif**
SYNERGIE	• A exprime ou ressent de la sympathie pour B • A prête des intentions bienveillantes à B	• A s'allie à B • A pense que B lui facilitera partiellement la tâche
	Cette tendance *pour l'autre* porte le nom de :	Cette tendance à agir *avec l'autre* porte le nom de :
	Crédit d'intention	*Jeu commun*
	Contenu affectif	**Contenu objectif**
ANTAGONISME	• A exprime ou ressent de l'antipathie, de la méfiance pour B • A prête des intentions malveillantes à B (les intentions peuvent être ou non fondées)	• A affirme clairement son point de vue • A édicte les règles et les normes • A pense atteindre son but sans B ou malgré B
	Cette tendance *contre l'autre* porte le nom de :	Cette tendance à agir *sans l'autre ou en dépit de l'autre* porte le nom de :
	Procès d'intention	*Jeu personnel*

Figure 9.1 – La sociodynamique des interactions[1]

Pour chaque cas de synergie ou d'antagonisme il existe une gradation d'attitudes qui retrace l'intensité des deux procédés relationnels entre les personnes. En fonction de l'intérêt que chacun envisagera dans la

1. Modèle adapté de Fauvet par Jean-Louis Müller. J.-C. Fauvet, J.-R. Fourtou, *La Sociodynamique,* Éditions d'Organisation, 2003.

coopération avec l'autre, pour l'atteinte de ses propres objectifs, la synergie sera plutôt occasionnelle ou à l'inverse une collaboration soutenue.

En revanche, dans le cas de l'antagonisme, deux personnes ne sont pas d'accord, toutefois en fonction des enjeux, le différend peut se limiter à un simple constat de divergence ou aller jusqu'au conflit et à l'opposition manifeste.

De cette gradation de la synergie ou de l'antagonisme il est alors possible de réaliser une carte décrivant les positions de chacun dans la logique de l'alliance ou de l'opposition.

Les différents rôles dans les stratégies collectives

La carte des partenaires est un outil qui permet de comprendre les réactions de *chacun* des collaborateurs sur un *projet précis* et à un *moment donné.* Elle présente sept types de comportements d'alliances ou d'antagonismes : 1. les passifs – 2. les négociateurs – 3. les déchirés – 4. les irréductibles – 5. les opposants – 6. les engagés – 7. les constructifs.

➤ Les passifs

L'attitude des passifs se caractérise par une faible implication. Ils ne prennent quasiment aucune initiative, ils assurent une simple présence. Ils ne constituent pas une menace. Ils peuvent représenter de 30 % à 70 % d'une entreprise. C'est la masse silencieuse, qui soit peut faire preuve d'inertie soit constitue une réserve d'énergie pour qui réussira à la hisser au-dessus de la ligne d'initiative. Mais les passifs peuvent devenir une force conflictuelle, s'ils sont poussés vers un niveau d'antagonisme plus fort.

➤ Les négociateurs

L'attitude des négociateurs se caractérise par une attitude « commerciale ». Ils pèsent le pour et le contre et privilégient les solutions de troc. Ils s'en tiennent à un contrat négocié, tout en acceptant les aménagements qui donnent lieu à des contreparties avantageuses.

Par leur critique réaliste et leur opposition tempérée, ils contraignent à trouver sans cesse et sans crise des solutions avantageuses. Mais ils manquent généralement d'imagination créatrice et d'initiative dont l'entreprise à besoin pour progresser.

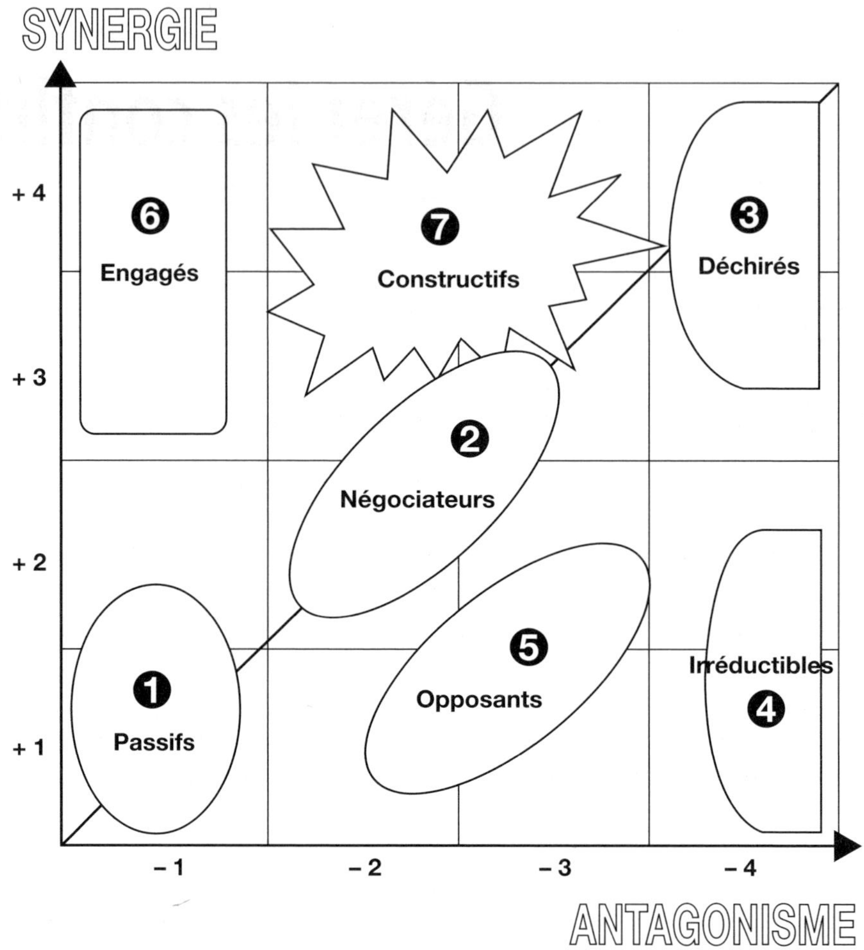

Figure 9.2 – La carte des partenaires

➤ Les déchirés

L'attitude des déchirés correspond à une attitude paradoxale caractérisée par une synergie et un antagonisme extrêmes, conduisant à une situation de déchirement, difficile à vivre mais transitoire la plupart du temps. C'est exactement le cas de Pierre de la société Tragit.

C'est aussi l'attitude généralement adoptée par les militants d'une « organisation » dont ils partagent la finalité avec passion mais dont ils récusent les chefs en place et les mesures prises.

➤ Les irréductibles

L'attitude des irréductibles se caractérise par un antagonisme porté à l'extrême et par une synergie sans initiative. Il s'agit d'une attitude de quasi-révolte.

La totalité de leur énergie est investie dans un fort jeu personnel mais surtout dans un procès d'intention apparemment sans limite. Tout compromis devient impossible.

➤ Les opposants

L'attitude des opposants se caractérise par un fort antagonisme et une synergie faible. Ils font profession d'opposition ou se braquent dans un comportement fermé, hostile, avec l'intention d'imposer leur jeu personnel dans la mesure du possible.

Les moins antagonistes d'entre eux développent une attitude de récrimination, où l'antagonisme, bien que faible, domine. Leur grogne est développée et, bien que ne l'exerçant pas de manière systématique, elle doit être prise au sérieux.

➤ Les engagés

L'attitude des engagés se caractérise par un crédit d'intention et une participation collective importante. Ils affichent une attitude de soutien qui peut aller jusqu'à trop de dévouement et perdre leur sens critique.

➤ Les constructifs

L'attitude des constructifs est la plus utile à l'entreprise, caractérisée par une contribution personnelle forte, un minimum de procès d'intention et un jeu commun plus élevé encore.

Les constructifs n'hésitent pas à préserver leurs degrés de liberté et à défendre des idées originales.

Appliquer la stratégie des alliés

Les alliés sont caractérisés par le fait que leur synergie est supérieure ou égale à leur antagonisme.

Cette définition, transposée sur la carte des partenaires, désigne l'ensemble de la zone claire ci-dessous, englobant les engagés, les constructifs, les négociateurs et les passifs, ces derniers étant alliés mais sans initiative.

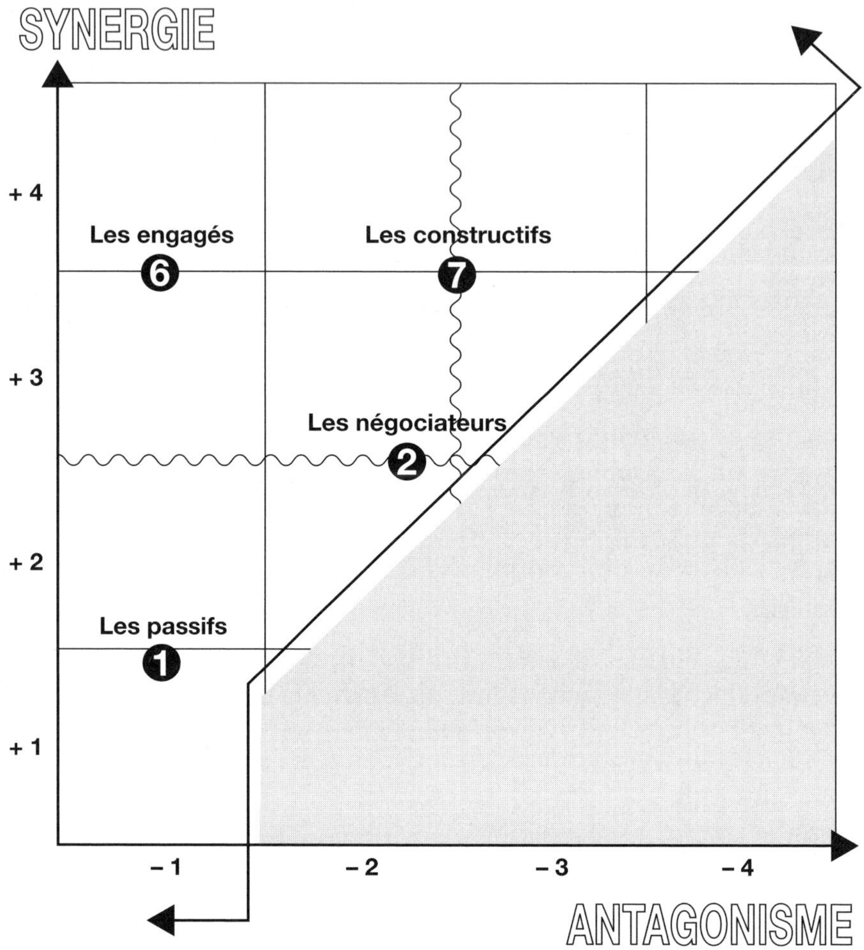

Figure 9.3 – Les alliés dans la carte des partenaires

➤ **Dépasser les conflits organisationnels**

En fait, l'intérêt majeur de cette démarche est de se focaliser, non pas comme nous en avons l'habitude sur les opposants pour lesquels nous passons plus de temps à convaincre, à contenir ou à combattre leurs initiatives négatives, mais plutôt à nous occuper des alliés.

Les alliés sont ceux qui sont POUR. Par extension, les alliés sont ceux qui ne sont pas CONTRE.

Il s'agit ainsi de modifier nos représentations sur l'efficacité de la gestion des conflits. Edward de Bono nous le disait déjà, il est préférable d'investir temps et énergie à rallier les personnes qui sont déjà acquises à notre cause plutôt que de s'évertuer à lutter contre les opposants. C'est en combinant les différentes attitudes, en évitant les jeux psychologiques et en développant l'implication des alliés que le manager obtiendra la meilleure répartition de son énergie et obtiendra des résultats efficaces.

En effet, lorsqu'un responsable poursuit son projet en évitant de dépenser trop de temps et d'énergie dans les controverses et les hésitations, il peut entraîner un ralliement spontané autour de lui.

Les passifs, les négociateurs, les dévoués, les constructifs et même dans certains cas les opposants *offrent volontiers leur synergie à celui qui réduit leurs incertitudes* (voire leurs angoisses) par des initiatives appropriées.

En conséquence, *l'alliance avec les alliés, dans le fonctionnement quotidien de l'équipe, comme en situation de changement ou de difficultés traversées par l'entreprise, conduit à une plus grande performance.*

Ainsi, l'alliance est un contrat ponctuel, fondé sur la synergie réciproque.

La mise en œuvre d'une stratégie basée sur l'alliance, dite « stratégie des alliés » suppose donc que *la hiérarchie fonctionne aussi sur la base de la synergie* et s'efforce de maintenir l'alliance. Cette prise de conscience de l'exemplarité est essentielle pour dépasser les conflits et déjouer les jeux de pouvoir.

Celle-ci sera pérenne grâce au jeu personnel du leader comme par le jeu commun de tous.

➤ Respecter les règles suivantes

Identification des alliés.

- Identifiez vos alliés selon les différentes tâches et fonctions.
- Reconnaissez-les et recherchez-en de nouveaux.
- Identifiez parmi les alliés ceux qui peuvent être considérés comme acquis et inconditionnels (les dévoués et les constructifs).

Développement de la tolérance et libération de l'autonomie :

- Prenez vos alliés comme ils sont. Acceptez qu'ils soient partiellement antagonistes. Tolérez leurs humeurs. N'espérez pas qu'ils adoptent tous une attitude dévouée. Soyez indulgent vis-à-vis de leurs maladresses.

Animation et gestion des alliés.

- Animez-les en leur proposant un projet commun.
- Soutenez vos alliés. Développez avec votre équipe : information, consultation, négociation, développez la concertation, partagez les responsabilités, etc.
- Attendez en retour le soutien de vos alliés. L'alliance est réciproque, ce soutien vous est dû. La balance des apports mutuels doit être positive pour tous les partenaires de la relation. Ne craignez pas de mettre vos alliés à contribution, d'en appeler à l'alliance.
- Soyez d'autant plus exigeant vis-à-vis de vos alliés que vous avez honnêtement servi l'alliance. S'ils rechignent, hésitent, diffèrent et éventuellement trahissent, n'hésitez pas à rompre l'alliance, tout en expliquant clairement pourquoi, quitte à la reprendre plus tard sur d'autres bases.
- Évitez de mettre vos alliés dans l'embarras mais n'hésitez pas à leur tenir tête. L'alliance n'est pas une compromission, ni pour vous, ni pour eux.
- Soyez prudent, les alliances se renversent…

Comment gérer les opposants ?

- Proposer à tout moment aux passifs de se rallier au projet en augmentant leur synergie,
- Faire en sorte que les négociateurs se déterminent.
- Contenir les tentatives des opposants qui cherchent à attirer les hésitants et les passifs en leur faisant des contre-propositions.
- Se servir du front constitué par les alliés et les ralliés pour convaincre ou confronter les opposants.

➤ Point de vigilance

Si dans certains cas, il apparaît incontournable de devoir influencer certaines personnes, notamment ceux qui s'opposent à notre stratégie et à notre manière de manager, il est important que cela reste occasionnel et que nous soyons bien conscients du mode relationnel que nous avons instauré.

En effet, manager c'est agir sur autrui et ceci requiert une certaine éthique. Nous ne pouvons pas faire n'importe quoi avec les autres.

Par ailleurs, nous avons mis précédemment l'accent sur la négociation gagnant-gagnant et le fait de considérer autrui comme ayant autant de valeur que nous-même ce qui ne peut pas se combiner avec des attitudes non congruentes, excessives ou manipulatrices.

Bien entendu, dans certains cas, lorsque tout a été tenté et que le collaborateur ne veut pas entendre raison et qu'il persiste dans ses dysfonctionnements, il ne reste plus que la sanction pour venir à bout de l'opposition.

Ainsi, sachez renverser la tendance en passant 2/3 de temps avec vos alliés et seulement 1/3 de temps contre vos opposants.

Comment manager en fonction de la synergie ou de l'antagonisme de ses collaborateurs ?

Chaque manager a un style qui lui est propre, cependant en fonction des attitudes des collaborateurs et notamment de leur disposition à être soit plutôt alliés soit plutôt opposants, plusieurs possibilités s'ouvrent. Nous allons les détailler de manière à faciliter pour le manager le choix du style le plus adapté à sa stratégie.

➤ Vis-à-vis des opposants : l'imposition

L'imposition est un mode directif et autoritaire. Elle se traduit par le fait de :

- Faire exécuter les instructions.
- Prendre les décisions unilatéralement.
- Le jeu personnel prime sur le jeu commun.
- Être ferme, déterminé, clair.
- Être insensible aux critiques.

L'imposition va être utile dans les situations suivantes :

- Lorsqu'il s'agit de défendre des principes fondamentaux.
- En cas de gravité et d'urgence.
- Lorsque l'antagonisme est supérieur à la synergie.

Ses avantages sont de :

- Mieux maîtriser les situations courtes ou ponctuelles.
- Mettre en avant la règle, la justice, la continuité.
- Conforter les indécis, faire basculer les hésitants.
- Impressionner les adversaires, les contraindre à la soumission.
- Être insensible aux critiques.

Ses inconvénients sont de :

- Négliger ou minimiser les risques d'échec.
- Radicaliser la position des adversaires et les liguer contre soi.
- Tarir toute initiative, saper le développement de l'autonomie et encourager le conformisme.

➤ Vis-à-vis des négociateurs : la transaction

La transaction est un mode d'équilibre et de modération. Elle permet de :

- Coexister avec l'autre par l'échange.
- Négocier les décisions.
- Le jeu personnel est aussi important que le jeu commun.
- Être souple et diplomate.
- Être flexible et habile.

Il est préférable d'utiliser la transaction dans les situations suivantes :

- Lorsque l'autre ne peut pas être soumis.
- Lorsqu'il y a des intérêts communs.
- Quand l'antagonisme et la synergie sont équivalents.

Ses avantages sont de :

- Favoriser les échanges.
- Renforcer les alliances.
- Ouvrir des espaces de dialogue.
- Encourager les initiatives.

Ses inconvénients sont de :

- Céder sur des points qui auraient pu être obtenus sur le mode de l'imposition.

- Fragiliser les indécis.
- Donner l'impression d'être mou.
- Perdre ses objectifs de départ.

➤ Vis-à-vis des constructifs : l'animation

L'animation est le mode de l'engagement de tous. Elle consiste à :

- S'engager avec l'autre vers un objectif commun.
- Créer un jeu commun qui prime sur le jeu personnel.
- Attribuer un crédit d'intention à autrui
- Développe l'esprit d'équipe solidaire.

Il est préférable d'utiliser l'animation dans les situations suivantes :

- Lorsque la confiance réciproque est installée.
- Lorsque l'on doit relever ensemble un défi.
- Lorsque la synergie est supérieure à l'antagonisme.

Ses avantages sont de :

- Créer un climat chaleureux et enthousiaste.
- Libérer l'énergie collective.
- Développer un fort sentiment d'appartenance à l'entreprise.
- Relever des défis « impossibles ».

Ses inconvénients sont de :

- Oublier ses intérêts propres.
- Négliger ou minimiser les difficultés de mise en œuvre et la durée nécessaire.

En conclusion, pour qu'une entreprise réussisse et soit capable de dépasser ses dissensions, il est essentiel qu'elle se concentre sur les relations, c'est-à-dire qu'elle envisage son organisation comme un système de liens sociaux. Dans ce contexte, elle va être attentive à la coopération entre les acteurs et à leurs échanges. Ceux-ci ne seront qualitatifs que pour autant qu'ils seront réciproques,[1] ce qui conduit à se poser la question de la confiance entre les acteurs.

1. Voir à ce sujet Marcel Mauss et ses théories sur l'échange.

La stratégie des alliés montre l'importance de l'éthique comme garant d'un certain type de fonctionnement. La confiance ne peut pas exister dans le doute et la manipulation.

Ainsi, dans l'entreprise, les acteurs sont en interrelations durables et leurs relations font partie d'un phénomène global. Il y a réciprocité et dépendance mutuelles. Chaque partie de la relation respectera les règles du jeu connues de tous. Les acteurs ne peuvent pas briser les régulations qui assurent les coopérations, au risque de perdre leur crédibilité et leur fiabilité. La conséquence serait peut-être à court terme de nouvelles alliances avec des personnes de leur acabit, mais à moyen et long terme, un isolement garanti.

Il est donc essentiel pour le manager d'être vigilant à ces mécanismes relationnels complexes que crée l'organisation. Il pourra alors mieux anticiper les conflits et gérer oppositions et antagonismes liés aux enjeux particuliers des acteurs ou des groupes d'acteurs. En se concentrant sur la synergie, il dépensera moins d'énergie et augmentera son efficacité managériale.

CHECK-LIST : CAS D'UN CONFLIT ORGANISATIONNEL

Identifier un certain nombre de paramètres

⇨ La situation de l'entreprise (contexte interne et externe) et les risques de blocage liés à sa croissance ou à ses difficultés.

⇨ Les composantes des organisations :

- Chaque type d'organisation a son incidence sur le management et sur la culture d'entreprise, exemple :
  - entreprise procédurière : risque de trop de bureaucratie,
  - entreprise peu formelle : risque de trop d'indépendance.
- De ce fait la question à se poser est : quel management pour quelle organisation ?

⇨ Les relations de pouvoir et d'influence.

⇨ Les stratégies d'acteurs.

☞

⇨ Les jeux des alliés ou des opposants.

⇨ Les changements de jeux et la manière dont ils sont anticipés, gérés et accompagnés.

⇨ Les systèmes de récompense (promotion, rémunération, valorisation et reconnaissance) sont des facteurs très importants de motivation personnelle, d'adhésion collective ou individuelle à un projet d'entreprise et vont conditionner les attitudes et les comportements dans l'entreprise.

Agir sur plusieurs dimensions

⇨ Vérifier la santé de l'entreprise (possibilité de crise ou non) :
- Identifier le climat social de l'entreprise (déceler les signes avant-coureurs des problèmes et des tensions).

⇨ Identifier l'organisation adaptée au projet de l'équipe et à sa fonction :
- Valider le style de management adapté à ce type d'organisation

⇨ En fonction de la culture d'entreprise, identifier ses points forts et ses points faibles afin d'anticiper les possibilités de blocage avec certains individus (vérifier le niveau de structure, de formalisation, de possibilité d'autonomie et de développement des individus dans l'organisation). Se focaliser sur les points forts afin de limiter l'incidence des points faibles.

⇨ Analyser les styles de pouvoirs, les zones d'incertitudes et les zones d'influence des acteurs dans l'organisation. Utiliser des grilles d'analyse. Ceci permettra de déterminer les alliances et les résistances dans les cas de changement et de réorganisation et donc d'agir au sein des équipes pour apporter de nouveaux équilibres.

⇨ Apprécier la cohérence de la politique RH avec la stratégie de l'entreprise :
- Mesurer les conséquences et les impacts des décisions prises et des orientations retenues. Type de rémunération et système de récompense (encouragement de l'individualisme ou de la synergie).
- Modifier les incohérences au sein de l'organisation.

Conclusion : Le conflit est-il positif ou négatif ?

> « L'idée de réduire ou de supprimer le conflit par la diminution des situations frustrantes, des sources de frustration elles-mêmes, à un niveau individuel et social, de faire disparaître l'agression par un renforcement des normes et des sanctions, tout ce réductionnisme psychologique, psychophysiologique, éthologique – avec Konrad Lorenz- ou psychanalytique – avec Mélanie Klein- ont été contestés au moins par des sociologues et quelques rares psychosociologues. La vie en général est faite d'amour et de haine, d'amitié et de rupture. »[1]

Depuis Darwin, tous les scientifiques se mettent d'accord pour dire que l'évolution de la vie passe par l'agressivité et le conflit. Ceux-ci sont au centre de la dynamique biologique de l'espèce et de la psyché humaine. Au stade instinctuel et pulsionnel, il semble que la dynamique conflictuelle soit une bonne chose, car elle apparaît comme source de progrès. Pourtant nous avons une représentation négative du conflit car il a trop souvent conduit à des issues dramatiques telles que les guerres. Ainsi, tandis que nous aspirons à l'équilibre et à la paix, ce

1. J. Freund, « Introduction », *in* G. Simmel G. *Sociologie et épistémologie,* Puf, 2e édition française, 1991.

besoin de stabilité peut conduire à l'inertie et contribuer alors à la pulsion de mort.

C'est pourquoi, paradoxalement, l'agressivité, la violence et le conflit, apparemment nocifs, participent en fait à la dynamique de la vie. Celle-ci reposant sur des changements constants, parfois minimes passant quasiment inaperçus, parfois spectaculaires occasionnant des ruptures difficiles à supporter. C'est ainsi que changement et conflit constituent les ressorts de l'évolution de l'homme.

Par extension, dans le champ du conflit social, la dynamique conflictuelle a entraîné le dialogue social à la suite des conflits de luttes de classe. L'alternance de phases de tensions et de consensus, l'obligation pour les parties opposées de retrouver le dialogue et l'interaction ont considérablement amélioré les conditions de travail de toutes les classes sociales et notamment des plus défavorisées.

Pour autant lorsqu'il s'agit de guerre ou de « conflits armés », la violence manifestée se traduit par de nombreux morts et un long cortège d'atrocités rendant le conflit négatif et incitant davantage à l'éviter. Paradoxalement, ce sont bien les guerres qui ont permis de développer toutes sortes d'améliorations techniques se retrouvant dans notre confort quotidien !

Ainsi, le conflit est de nature riche, complexe, variée, aux multiples composantes qui le rendent d'autant plus intéressant.

Nous avons vu avec le cas de Pierre combien une situation difficile et conflictuelle peut conduire, finalement, à des issues. Des modes de résolution inattendus apparaissent développant par là même la créativité, des opportunités nouvelles, une évolution certaine et souvent de grands progrès.

Finalement le conflit est envisagé de manière positive tant qu'il est l'occasion de croissance et qu'il peut être résolu dans le respect de l'autre, de ses arguments, de ses convictions et de sa différence. En revanche, si le conflit est l'occasion d'agresser autrui et de manifester volontairement de la violence, nous déplorons cette attitude.

Le conflit peut être positif tout autant que nous nous sentons équipés pour le comprendre, l'appréhender dans sa complexité et le résoudre, voire l'anticiper.

C'est pourquoi cet ouvrage sur la gestion des conflits a pour projet de transmettre des moyens, des outils, des repères pour faciliter compréhension et maîtrise de cette situation délicate et omniprésente dans les relations humaines.

J'espère que vous aurez pu cheminer sur le sentier de la variété des situations, que vous aurez trouvé des réponses à vos questions et que vous aurez pu appréhender l'intelligence du cœur et de l'esprit pour résoudre les conflits avec respect pour autrui et pour vous-même.

> « Le pauvre a besoin du riche pour vivre. Le riche a besoin du pauvre pour être. »[1]

1. F. Delivré, *Le Métier de coach*, Éditions d'Organisation, 2004.

Annexes

Annexe 1 : Dépouillement de l'autodiagnostic des styles de comportement face à l'agressivité

Chaque phrase correspond à un exemple d'attitude de fuite passive, d'attaque agressive, de manipulation, de recherche de compromis ou de comportement assertif. Les phrases indiquées par un numéro ont été classées en quatre colonnes, correspondant aux quatre attitudes.

Notez « 1 » si vous avez répondu : vrai, notez « 0 » si vous avez répondu : faux.

Le total des points indique le degré de votre tendance à utiliser l'attitude indiquée.

Attitude Passive		Attitude Agressive		Attitude de Manipulation		Attitude de Compromis		Attitude Assertive	
1	1	4	1	3	0	6	1	2	1
8	1	7	0	5	0	12	1	9	1
18	0	11	1	10	0	15	1	17	1
19	0	13	1	14	0	20	1	22	1
21	1	25	1	16	1	24	1	28	1
30	0	26	0	23	0	33	0	29	1
31	0	34	0	27	0	39	1	32	1

Attitude Passive		Attitude Agressive		Attitude de Manipulation		Attitude de Compromis		Attitude Assertive	
42	1	35	0	37	0	47	1	40	1
43	0	36	0	38	1	50	1	41	1
44	0	46	0	49	0	56	1	45	1
61	1	48	1	51	1	58	1	52	0
62	0	59	1	55	1	63	1	53	1
64	0	60	0	57	0	66	1	54	1
73	1	68	0	67	1	69	1	65	1
75	1	70	0	71	1	74	1	72	1
Total : 7 **/15**		**Total :** 6 **/15**		**Total :** 6 **/15**		**Total :** 14 **/15**		**Total :** 14 **/15**	

• *Histogramme des attitudes*

15 14 13 12 11				x	x
10 9 8 7 6	x	x	x		
5 4 3 2 1					
	Passif	Agressif	Manipulateur	Assertif	Compromis

Annexe 2 : Quelques fondamentaux de l'Analyse Transactionnelle

Descriptif simplifié des États du Moi

Avant de détailler les différents types de transaction, voici un rapide résumé de ce que l'on entend par État du Moi :

L'État de Parent est le résultat des « messages » (conditionnement) que chacun reçoit de ses parents, professeurs, grands frères ou grandes sœurs et de toute autre figure d'autorité durant la petite enfance. Le Moi Parent est protecteur, nourricier, critique, conseiller et peut produire toutes sortes de règles et réglementations. Il a des aspects très positifs car apportant structure, Loi et réconfort et des aspects négatifs lorsqu'il se manifeste sous la forme de critiques, d'ingérence ou d'exercice excessif de l'autorité.

L'État Adulte suscite un comportement pouvant être décrit comme logique, raisonnable, rationnel, et non émotionnel. Le comportement de l'État du Moi Adulte est caractérisé par une analyse visant à la résolution des problèmes et une prise de décision rationnelle. Son aspect fondamental positif est qu'il permet de se dégager de l'émotionnel pour faire le choix de ne pas réagir, par exemple à des agressions. Pour autant lorsque la relation à l'autre est simple et fluide, tous les États du Moi peuvent être utilisés, les échanges n'en seront que plus riches. Ce qui veut dire qu'il faut aussi savoir sortir de son état Adulte.

L'État Enfant est associé aux comportements qui apparaissent quand une personne répond émotionnellement. Le Moi Enfant peut être insouciant, rebelle, peureux, spontané et porté à l'amusement.

En ce qui concerne la communication, le principal attrait du système Parent, Adulte, Enfant (PAE), est qu'il aide à distinguer une transaction utile, complémentaire, d'une transaction inutile, voire dommageable.

Les transactions entre les individus

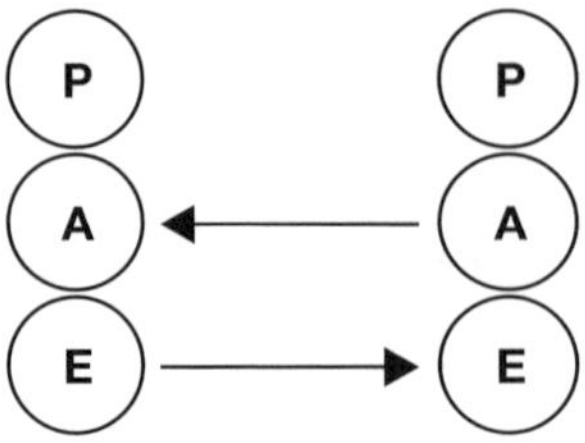

1er type de transaction : la transaction complémentaire assure une communication durable.

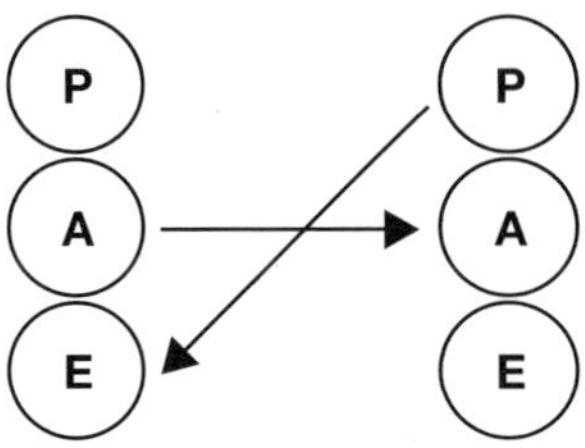

2e type de transaction : la transaction croisée peut aboutir à un blocage de la communication.

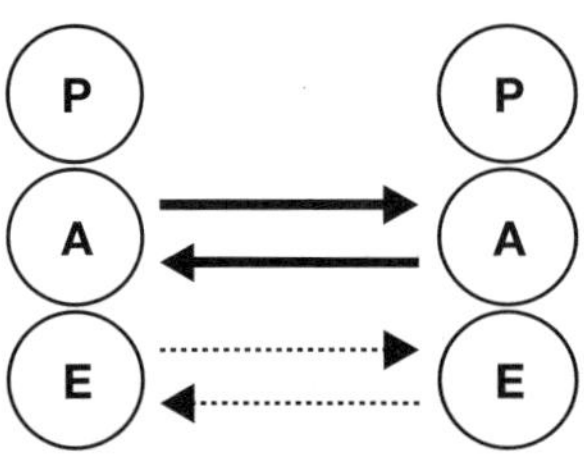

3e type de transaction : la transaction à double-fond débouche sur une communication à deux niveaux qui peut induire des manipulations voire des blocages.

Annexe 3 : Les différents répertoires des jeux psychologiques

Répertoire des jeux de Persécuteur

Nom	Description	Bénéfice négatif	Comment l'éviter
Ball-trap « Oui… mais » (Berne) *"Why don't you ? Yes… but…"*	Demander de l'aide et écarter toute proposition d'un : « Oui… mais… »	Colère permise.	Plaisanter : « Encore ! » Ne pas donner de conseils. Interroger sur les tentatives et les idées de l'autre.
Incitation au meurtre « Battez-vous » (Berne) *"Let's you and him fight"*	Révéler à une personne un jugement critique confié confidentiellement par un tiers. Mettre deux personnes en rivalité : « Avec M. X, l'année dernière, on… »	Le voyeur : plaisir d'observer sans être impliqué.	Dire : « Chacun a ses opinions, ses goûts, ses façons de faire et d'être. »
La revanche « Je te tiens, mon salaud » (Berne) *"Now ! I've got you, S.O.B. (son of a bitch)"*	Relever une erreur, un oubli, une faute chez celui qui vous a fait un reproche.	Œil pour œil, dent pour dent ! Triomphe.	Plaisanter : « Tu m'as eu ! Un partout ! On fait la paix ? »
Au pied ! Le maître-chien.	Donner un ordre sec, sans remarque fondée.	Toute puissance.	Se protéger. Résister en insistant pour préciser.
Dramaturgie La Scène (Berne) *"Uproar"*	Faire un drame pour éviter de régler le problème.	Incapacité. Passivité.	Dire : « Pouce ! » Questionner et faire reformuler.

Nom	Description	Bénéfice négatif	Comment l'éviter
Bras de fer « Le mien est mieux que le tien » (Berne) *"Mine is better than yours"*	Se mettre en compétition malsaine avec l'autre. Exagérer ses difficultés pour qu'elles soient plus grandes que celles des autres.	Vouloir se sentir le plus fort. Justifier sa passivité : « Oh oui ! Mais moi, c'est pas pareil ! C'est bien pire… »	Refuser la rivalité : « C'est chouette pour toi. » S'interroger sur ses capacités à régler le problème.
L'appât Viol (Berne) *"Rapo"*	Attirer les autres en les flattant : « Vous qui savez tout », ou en les appâtant : « J'ai appris que… Je ne vous en dis pas plus. »	Triompher en déstabilisant par une question piège. Garder une information qui rend tout puissant.	Pas de piédestal. Dire : « Merci, je ne sais pas tout. » Attendre sereinement. Refuser les sous-entendus.
Les dévalorisateurs « Défauts » (Berne) *"Blemish"*	Dire du mal des chefs, des collègues, des élèves.	Être rassuré en masquant ses propres faiblesses.	Dire : « Et si on parlait de ce qui marche bien ? » « Nous avons tous nos faiblesses. »
Les Manipulateurs « Coincer » (Berne) *"Corner"*	Empêcher l'autre de faire ce qu'il envisage en démontant toutes ses propositions : il est coincé !	Triompher ou se sentir coupable.	Faire de l'humour : « Aïe ! Je suis coincé ! » Être adulte : Il y a plusieurs options pour régler cette situation. »
Trop poli… « Chéri(e) » (Berne) *"Sweetheart"*	Être exagérément flatteur, voire obséquieux, pour pousser la personne à faire ce dont elle n'a pas envie.	Se sentir tout puissant parce qu'excellent manipulateur.	Dire : « Je ne marche pas à la flatterie. Parlons simplement. »

Répertoire des jeux de Sauveur

Nom	Description	Bénéfice négatif	Comment l'éviter
C'est bien parce que c'est vous ! « Si ce n'était pas vous » (Berne) *"If it weren't for you"*	Faire sentir avec insistance que ce que l'on fait est une faveur qui mérite contrepartie.	Supériorité donnée par le geste charitable.	Attention ! Les faveurs font perdre la liberté. Remettre les choses au clair.
Tous dans le même bateau. Tous solidaires.	Refuser d'accepter les différences. Protéger les moutons noirs.	Éviter de prendre parti. Se protéger. Masquer les différences.	Oser dire son avis calmement sur les gens.
L'arroseur arrosé « J'essaie simplement de t'aider. » (Berne) *"I'm only trying to help you."*	Intervenir dans les discussions ou les conflits, les désaccords, sans y avoir été convié. Apporter de l'aide à celui qui ne demande rien.	Colère permise : les autres sont des ingrats.	Attendre la demande des autres pour intervenir. Demander : « Qu'attends-tu de moi ? Que veux-tu que je fasse ? »
Y'a qu'à… Faut qu'on… J'ai la solution.	Donner une solution toute faite, de manière péremptoire, pour tout problème.	Avoir un sentiment de supériorité, la certitude de posséder la science infuse. Éviter de réfléchir.	Être réaliste : il y a plusieurs façons de répondre à un problème. Toute solution a ses défauts.
Je vous défendrai toujours.	Arranger la réalité. Nier les faits pour éviter qu'une personne soit sanctionnée d'une manière ou d'une autre.	Être aimé, remercié, sollicité : « Soyez sympa ! Détendez-vous ! »	Tout n'est pas défendable. Est-ce rendre service à quelqu'un que de le survaloriser ?

Nom	Description	Bénéfice négatif	Comment l'éviter
Ça ira ! Ça ira !	Nier les difficultés qui surgissent en les balayant, en les niant globalement.	Garder sa sérénité et son optimisme en se cachant les difficultés.	Dire : « Et si on regardait les choses en face pour résoudre les problèmes, et pour se réjouir de ce qui va bien ? »
Les colombes.	Refuser les conflits. Se faire petit dès qu'il y a un léger désaccord ou une divergence d'opinion, de conception…	Vivre l'entente dans une passivité confortable. Éviter la souffrance.	Attention ! La paix prépare la guerre : Munich en 1938 ! Remplir des carnets de timbres prépare des explosions gênantes.
Le pyromane pompier.	Plaisir du Persécuteur reconverti en Sauveur : divulguer des informations, diviser et se proposer pour réconcilier.	Être tout puissant. Se montrer indispensable.	Refuser de demander de l'aide pour régler ses problèmes de personne à personne.
Au four et au moulin.	En faire trop. "Workalcoolic" : heures supplémentaires, week-ends, soirées…	Éprouver de la joie à se savoir indispensable.	Attention : au four, au moulin et… à l'hôpital. Prendre soin de soi.
L'Arbitre Tribunal (Berne) *"Courtroom"*	Tenir le rôle de l'avocat dès qu'une personne est critiquée ou évaluée. Ne pas supporter qu'une personne accepte un reproche.	Se comporter en Zorro ! Satisfaction de défendre la veuve et l'orphelin et tous les opprimés.	Refuser de laisser quelqu'un décider à sa place. Être autonome. S'informer sur ses droits.

Répertoire des jeux de Victime

Nom	Description	Bénéfice négatif	Comment l'éviter
Ce n'est pas possible. « Jambe de bois » (Berne) " *Wooden leg*"	Justifier son incapacité, masquer ses difficultés en rejetant la responsabilité sur les autres ou sur les conditions de travail.	Être lavé de toute responsabilité dans l'échec.	Examiner les solutions possibles et ses capacités de les mettre en œuvre : « Que comptes-tu faire ? »
Ce n'est pas moi, c'est lui ! « Regarde ce que tu m'as fait faire » (Berne) " *See what you made me do.*"	Rejeter sur l'autre la responsabilité de ses actes.	Être innovant. Masquer sa peur.	On est toujours un peu concerné ! Parler de ce qui dépend de soi.
Marche ou crève…	Se plaindre d'être obligé de se surmener parce qu'il est impossible de faire autrement.	Fuir ses responsabilités : « C'est pas ma faute ! » Justifier sa passivité.	Ne pas en rajouter. En faire beaucoup pour le plaisir, ou réduire son activité de façon réaliste.
Et pourtant, j'ai tout fait. « Regarde comme j'ai essayé » (Berne) " *Look how hard I've tried.*"	Présenter ses échecs comme inévitables et pardonnables en faisant valoir que l'on a tout envisagé et essayé.	Justifier sa passivité sans subir de blâme. Refuser une aide quelconque puisque tout a été fait.	Il y a toujours quelque chose à tenter. Stimuler l'Adulte. Envisager toutes les possibilités.
« Fais-le à ma place, aide-moi ! » « Fais-moi quelque chose » (Berne) *"Do me something"*	Appeler l'autre à l'aide et chercher à lui faire faire son travail ou résoudre les problèmes à sa place.	Être satisfait de ne rien faire et d'être pris en charge.	Être autonome. Ne pas trop attendre des autres. Ne pas se laisser piéger.

Nom	Description	Bénéfice négatif	Comment l'éviter
« Engueulez-moi ! merci » « Donnez-moi des coups » (Berne) "*Rick me*" Gendarmes et voleurs (Berne) "*Cops and robbers*"	Provoquer les autres en étant maladroit, agressif, désagréable, pour être rejeté. Courir des risques en contournant les lois établies, pour se faire prendre. Tricher, voler.	Ressentir une excitation, puis de la tristesse. Se prouver que l'on est rejeté de tous et que c'est bien mérité.	Être moins dépendant des autres. Encourager les réussites.
Sans toi : si j'étais seul sans le système !	Se plaindre de ne pas pouvoir réussir à cause des autres : « Il y a toujours quelqu'un qui m'empêche… »	Éviter les reproches éventuels, les situations qui font peur. Être pur.	Faire confiance aux autres. Gérer ce qui dépend de soi.
Gémir « C'est affreux ! » (Berne) "*Ain't it awful* ! "	Se plaindre de tout, de tous et de rien.	Chercher le réconfort, attirer la sympathie et ne rien faire.	Changer de sujet.
C'est trop fort pour moi. Stupide (Berne) *"Stupid"*	S'avouer incapable de faire ou de comprendre ce que l'on veut vous donner à faire.	S'endormir dans la passivité, ne rien faire. Être pur : « C'est pas ma faute, je suis incapable. »	Faire son bilan personnel. Préciser ses capacités. Expérimenter pour vérifier.
Débordé Éreinté (Berne) *"Harried"*	Se plaindre d'être crevé, fatigué, débordé.	Chercher la sympathie et le réconfort.	Faire le tri entre l'important et ce qui peut attendre.

Annexe 4 : L'expérience de Shérif (1961)[1]

Les conditions de l'expérience étaient de prendre vingt-quatre jeunes garçons de douze ans, qui ne se connaissaient pas, issus de familles « normales » américaines, c'est-à-dire des Blancs et protestants dont les parents étaient unis et sans névrose particulière. Sherif a placé les enfants dans un camp de vacances isolé afin de reproduire une situation de laboratoire mais *in vivo.* L'expérience a été découpée en plusieurs phases. La première a consisté à créer des groupes distincts, développant une forte cohésion interne. Pour ce faire, Sherif divisa le groupe de garçons en deux groupes distincts et ils eurent à réaliser des activités sportives et culturelles attrayantes. Des rôles différenciés, des normes régulatrices, des comportements identifiables et une structure de groupe précise apparurent assez rapidement. Les groupes s'attribuèrent des noms : Diables Rouges, Bouledogues..., la cohésion étant assurée par des repas pris ensemble. L'un des groupes développa une norme brutale, tandis que l'autre fit prévaloir la bienveillance. Une fois que les deux groupes se furent formés de manière distincte et qu'une certaine fierté d'appartenance à ces groupes se manifesta, on commença à introduire des sources de tension et de conflits.

Sherif émit alors l'hypothèse que le conflit intergroupe apparaît lorsque le but désiré par deux groupes ne peut être atteint que par l'un d'entre eux. La compétition se transforme alors en hostilité. Des attitudes défavorables à l'autre groupe sont alors développées. Chaque groupe peut modifier en l'occurrence sa structure et son organisation en cas d'inadaptation à cette situation de conflit.

Le choix de jeux sportifs correspond bien à la volonté de mettre deux groupes en compétition. Ainsi, pour induire le conflit, l'expérimentateur promettait un prix au vainqueur d'un tournoi. Le jeu qui commençait amicalement virait en fin de parcours à l'hostilité. L'un des groupes envahit le terrain de l'autre. L'autre brûla le fanion de l'adversaire. Par la suite, un exercice de traction à corde fut remporté par l'un des groupes et l'autre le traita de malhonnête. Les insultes commencèrent à fuser de toutes parts.

1. Source : J.-P. Guère, J. Jabes, *Traité des organisations,* Puf, 1982. Cité par S. Michel, « Conflits et négociation », in *Management,* Puf, 1991

L'un des groupes changea sa structure en nommant un nouveau leader. L'ancien chef dont le statut datait des premiers jours de paix n'avait plus les aptitudes requises pour affronter agressivement le conflit. Ce nouveau leader avait des compétences plus agressives, et tandis qu'il n'était pas très considéré dans les premiers temps de l'expérience, il fut considéré en l'occurrence comme un héros en période de crise.

L'hypothèse de Sherif fut alors confirmée : pour étudier des conflits intergroupes, il ne faut pas prendre des acteurs trop différents sur les plans culturels, physiques ou socio-économiques et l'absence de pathologie particulière n'empêche pas les conflits. C'est par l'évocation d'images stéréotypiques, la création d'une distance sociale ou l'induction d'attitudes négatives que l'hostilité peut être manifestée. On imagine alors facilement comment des groupes disparates peuvent en venir à des guerres, dès lors que les différences sont flagrantes et qu'il n'existe plus aucun terrain d'entente possible.

La troisième phase de l'expérience consiste à réduire le conflit pour que les deux groupes puissent coopérer et sympathiser. Pour rendre cette phase opératoire, plusieurs stratégies furent utilisées. L'une d'elle consista à distribuer de l'information favorable. Si les deux groupes obtenaient de l'information l'un sur l'autre, ils pourraient sans doute modifier leurs comportements hostiles. Mais les réactions à ce genre de stimulus sont rarement neutres, car les individus choisissent l'information à laquelle ils vont s'exposer et interprètent le contenu à leur convenance, d'où la difficulté.

Un autre moyen mis en œuvre pour obtenir la réduction des tensions entre le groupe fut d'introduire un discours sur les valeurs morales, pensant que cela permettrait de changer les attitudes. Ainsi, chaque dimanche un pasteur venait prêcher aux enfants à l'église, insistant notamment sur l'amour fraternel, le pardon à l'ennemi et la coopération entre les hommes. Mais les enfants, une fois sortis de l'église, reprenaient leurs comportements hostiles, comme si de rien n'était.

Une autre tactique a été de réunir les leaders en conférence, mais Sherif ne l'a pas retenue car il considérait que ceux-ci n'ont pas la possibilité de prendre leurs décisions librement, surtout si elles risquent d'aller à l'encontre des normes établies au sein de leur groupe.

Durant la seconde phase de l'expérience, l'un des Bouledogues s'était rendu, de sa propre initiative, dans la maison des Diables Rouges pour négocier de meilleures relations. Les Diables Rouges l'accueillirent en lui lançant des pommes de terre et l'ont vite chassé. Quand il retourna auprès de son groupe, il ne reçut aucun témoignage de sympathie de ses compagnons. Bien qu'il eût un statut élevé au sein du groupe, il fut réprimandé pour cet essai de conciliation. Les autres pensaient en effet que c'était une cause perdue d'avance.

Une stratégie efficace est alors d'utiliser un ennemi commun. Pour ce faire, une équipe d'un autre camp fut invitée à rencontrer les meilleurs éléments issus des deux groupes. L'effet temporaire fut de promouvoir la coopération et de réduire l'hostilité entre les deux groupes. Mais une fois l'ennemi parti, la distance sociale fut maintenue. De plus, cette stratégie ne fit qu'élargir le conflit intergroupe. Par la suite, le résultat sera la répétition de la phase de conflit initiale à une autre échelle, avec des conséquences partiellement plus sérieuses.

La dernière stratégie utilisée fut celle des « buts supragroupes ». Cela consiste à proposer aux deux groupes des buts qui nécessitent le travail et la coopération de l'ensemble des deux groupes. L'hypothèse qui est faite à cette étape est que cette coopération réduira la distance sociale et les attitudes d'hostilité et diminuera les comportements agressifs entre les deux groupes. Sherif demanda aux groupes par exemple d'ériger deux gros barrages pour que l'eau parvienne jusqu'au camp. Le travail de tous s'avéra alors nécessaire. Puis on mit les deux groupes à contribution pour préparer le financement d'un film. Après une série d'activités importantes menées en commun dans un climat de coopération, le conflit fut réduit à tel point que les garçons se firent de nouveaux amis dans l'autre groupe.

Bibliographie

AKTOUF O., *Le Management entre tradition et renouvellement*, Gaëtan Morin, 1991.

ARDOINO J., *Management ou Commandement – Participation et contestation*, Andsha, EPI, 1970.

AVERILL J.-R., *Anger and agression. An essay of emotion*, Springer Verlag, 1982.

BENETON P., *Les Classes sociales*, Que sais-je ?, Puf, 1991.

BERKOWITZ L., *Aggression : a social psychological analysis*, Mc Graw-Hill, 1965.

BERNE E., *Que dites-vous après avoir dit bonjour ?*, Saud & Tchou, 1983.

BERNE E., *Des jeux et des hommes*, Stock, 1967.

BERNE E., *Analyse transactionnelle et psychothérapie*, Payot, 2001.

BILLIG M., « Racismes, préjugés et discrimination », in *Psychologie sociale*, S. Moscovici, Puf, 1984.

BOSCHE M., *Le Management interculturel Connaître et pratiquer la gestion*, Nathan, 1993.

BOURHIS R.Y., LEYENS J.-P., *Stéréotypes, discrimination et relations intergroupes*, Mardaga, 1994.

BREARD P., PASTOR P., *Gestion des conflits, La communication à l'épreuve*, Éditions Liaisons, 2000.

CARSTEN K.W., VAN DE VLIERT E., *Using conflict in organizations*, Sage Publications, 1997.

CHALVIN D., *L'Entreprise négociatrice. Le pouvoir peut-il se partager ?* Dunod, 1978.

CHALVIN D., *Tensions et conflits dans les relations personnelles. Comment s'en sortir ?*, ESF éditeur, 1999.

CHALVIN M.-J., *Prévenir conflits et violence*, Nathan, 1994.

Collectif, « Les nouveaux visages du crime », *Les Cahiers de l'Express*, n° 33 Juillet, 1995.

CUSSON M., *Le Contrôle social du crime*, Vol, 1, Puf, 1983.

DARWIN C., DROUIN J.-M., *L'origine des espèces au moyen de la sélection naturelle ou la lutte pour l'existence de la nature*, Flammarion, 1992.

DEMORGON J., *Complexité des cultures et de l'interculturel*, Éditions Economica, 1996.

DEMORGON J., *L'Histoire interculturelle des sociétés*, Anthropos, 1998.

DEMORGON J. et LIPIANSKI E.-M., *Guide de l'interculturel en formation*, Retz, 1999.

DEMOULE J.-P., Naissance du pouvoir et des inégalités, in *Dossier : L'origine des sociétés. Sciences Humaines*, N° 31, Août 1993.

DEUTSCH M., « Conflicts : productive and destructive », *Journal of Social Issues*, n° 25, 1969.

DEUTSCH M., *The resolution of conflict*, Yale University Press, 1973.

DOISE W., « Comment se crée le consensus ? », *Sciences Humaines*, hors série n° 2 : L'énigme de la décision, Mai 1993.

ENREGLE Y., *Du conflit à la motivation : la gestion sociale*, Éditions d'Organisation, Paris, 1985.

FAUVET J.-C., BUHLER N., *La Socio-dynamique du changement*, Éditions d'Organisation, 1992.

FREUD A., *Le Moi et les mécanismes de défense*, Puf, 1993.

FREUND J., *Sociologie du conflit*, Puf, 1983.

FUSTER M., *Le Conflit dans l'entreprise*, ESF éditeur, 1975.

GALLETIER A., « Les Animaux criminels », *Ca m'intéresse*, n° 173, juillet 1995.

GENELOT D., *Manager dans la complexité. Réflexions à l'usage des dirigeants*, INSEP Éditions, 1992.

GROUARD B., MESTON F., *L'Entreprise en mouvement. Conduire et réussir le changement*, Dunod, 1995.

GRUNBERGER B. *et al.*, *Les Pulsions. Amour et faim, vie et mort, Les grandes découvertes de la psychanalyse*, Tchou, 1980.

GUILLAUMIN J., L'Identité et l'Agressivité, in *Identité individuelle et personnalisation. Sciences de l'Homme*, P. Tap, Privat, 1979.

HANDY C., *Le Temps des paradoxes*, Village Mondial, 1995.

HANDY C., *Understanding organizations, A New Edition of this landmark study*, Penguin Books. 1993.

HOUEL A., *Comment faire face aux gens difficiles*, Éditions Godefroy, 1990.

JACKSON T., *Cross-cultural management*, Butterworth-Heinemann, 1995.

KENNEDY C., *Toutes les théories du management. Les idées essentielles des auteurs les plus souvent cités*, Maxima, 1993.

KÜBLER-ROSS E., *Leçons de vie*, Jean-Claude Lattès, 2002.

LAUTREY J., *Classes sociales, milieu familial, intelligence*, Puf, 1980.

LAYOL G., *Dénouer les conflits professionnels. L'intervention paradoxale*, Éditions d'Organisation, 1984.

LE SAGET M., *Le Management intuitif, Une nouvelle force*, Dunod, 1992.

LELORD F., ANDRÉ C., *Comment gérer les personnalités difficiles*, Odile Jacob, 1995.

LENHARDT V., *Les Responsables porteurs de sens, Culture et pratique du coaching et du Team-Building*, Insep Éditions, 1992

LEVY-LEBOYER C., *Psychologie des organisations*, Puf, 1974.

MACK M., *Co-évolution. Dynamique créatrice. Libérer les richesses de l'intelligence partagée*, Village Mondial, 1997.

MAFFRE P., De la spécificité des conflits sociaux à la Poste, in *Actes du Congrès de l'Association Française de Gestion des Ressources Humaines (AGRH)*, 4e Congrès de l'AGRH, 1993.

MARCH J.-G., SIMON H.A., *Les Organisations Problèmes psychosocoilogiques*, Dunod, 1994.

MARSAN C., *En quoi le mal nous rend plus humain*, L'Harmattan, 2001.

MARSAN C., *Violences et interstices*, Colloque culture en mouvement, Thème violence, Montpellier, 2003.

MARSAN C., « Les nouvelles pathologies du manager » in *Le PDG sous les feux de la rampe*, L'Expansion Management Review, mars 2004.

MELESE J., *Approches systémiques des organisations : vers l'entreprise à complexité humaine*, Éditions Hommes et Techniques. 1979.

MINTZBERG H. *Le Manager au quotidien. Les dix rôles du cadre*, (1984) Éditions d'Organisation, pour la réédition 1993.

MINTZBERG H., *Structure et dynamique des organisations* (1982), Éditions d'Organisation, pour la réédition 1993.

MORIN E., *Introduction à la pensée complexe*, ESF éditeur, 1990.

MOSCOVICI S., DOISE W., *Dissensions et consensus. Psychologie sociale*, Puf, 1992.

MUCCHIELLI A., *Psychologie des organisations*, ESF éditeur, 1977.

MUCCHIELLI L., « Le Choc des cultures, dynamique de l'histoire », *Sciences Humaines,* n° 16, avril 1992.

MULLER J.-L., CARRÉ O., Motiver aujourd'hui c'est possible, ESF éditeur, 2003.

MULLER J.-L., *Les Nouveaux Styles de management,* ESF éditeur, 2004.

NEWSTROM J.-W., DAVIS K., *Organization behavior, human behavior at work,* McGraw-Hill. 1993.

NIZET J., PICHAULT F., *Comprendre les organisations. Mintzberg à l'épreuve des faits,* Gaëtan Morin éditeur, 1995.

NUTTIN J., *Théorie de la motivation humaine,* Puf, 1980.

PERRON R., *Genèse de la personne,* Puf, 1985.

PETERS T., *Le Chaos Management, manuel pour une nouvelle prospérité de l'entreprise,* InterÉditions, 1998.

PETERS T., *L'entreprise libérée. Libération management,* Dunod, 1993.

PETERS T., WATERMAN R., *Le prix de l'excellence. Les secrets des meilleures entreprises,* InterÉditions, 1983.

ROCHEFORDIÈRE DE LA Y., *Du conflit au dialogue. Tous gagnants,* Éditions d'Organisation, 1990.

ROKEACH M., *Beliefs, attitudes, and values : a theory of organization and change,* Jossey-Bass, 1972.

ROUBERTOUX P., Paradoxe relatif à l'origine des différences entre individus, in *Identité individuelle et personnalisation. Sciences de l'Homme,* Privat, 1979.

ROUSSEAU P., *Comprendre et gérer les conflits dans les entreprises et les organisations,* Chronique Sociale, 1990.

SCHEIN E. H., *Organizational Culture and Leadership,* Jossey-Bass, 1985.

SERIEYX H., *Le Big bang des organisations. Quand l'entreprise, l'État, les régions entrent en mutation,* Calmann-Lévy, 1993.

SEURAT S., *La Coévolution créatrice. Une nouvelle alliance entre l'homme et l'entreprise,* Éditions Rivages, 1987.

SIMMEL G., *Le Conflit,* Circé, 1992.

SPROTT W.J.H., *Psychologie sociale,* Payot, 1954.

STOEZEL J., *La Psychologie sociale,* Flammarion, 1963.

TODOROF T., *Nous et les autres. La réflexion française sur la diversité humaine,* Seuil, 1989.

TROMPENAARS F., *Riding the waves of culture. Understanding Cultural Diversity in Business,* N.B. Publishing Limited, 1993.

VALETTE-FLORENCE P., Les Styles de vie : fondements et pratiques, *Dossier : Les groupes sociaux, Sciences Humaines, n°* 18 juin 1992.

VAN DE VLIERT E., *Using Conflict in Organizations,* Sage Publications, 1997.

046725 - (IV) - (1) - OSB 100° - STY - MLN

Achevé d'imprimer sur les presses de
SNEL Grafics sa
Z.I. des Hauts-Sarts - Zone 3
Rue Fond des Fourches 21 – B-4041 Vottem (Herstal)
Tél +32 (0)4 344 65 60 - Fax +32 (0)4 286 99 61
février 2008 – 43960

Dépôt légal : mars 2005; suite du tirage : février 2008

Imprimé en Belgique